EEN KOOKBOEK MET MUNTCRÈME

Ontdek de veelzijdigheid van Crème de Menthe met een verzameling van 100 recepten

MAYA DE JONGE

Auteursrechtelijk materiaal ©2024

Alle rechten voorbehouden

Geen enkel deel van dit boek mag in welke vorm of op welke manier dan ook worden gebruikt of overgedragen zonder de juiste schriftelijke toestemming van de uitgever en eigenaar van het auteursrecht, met uitzondering van korte citaten die in een recensie worden gebruikt. Dit boek mag niet worden beschouwd als vervanging voor medisch, juridisch of ander professioneel advies.

INHOUDSOPGAVE

INHOUDSOPGAVE 3
INVOERING 6
ONTBIJT EN BRUNCH 7
   1. Creme de Menthe-pannenkoekjes met chocoladechips 8
   2. Crème de Menthe Franse Toast 10
   3. Crème de Menthe Chocoladewafels 12
   4. Crème de Menthe Ontbijtparfait 14
   5. Crème de Menthe Chocoladecroissants 16
   6. Creme de Menthe Avocadotoast 18
   7. Crème de Menthe Fruitsalade 20
   8. Muntchocoladekoekjes 22
   9. Muntchocoladewafels 24
   10. Munt scones 26
   11. Toast met munt en ricotta 28
   12. Creme de Menthe Muntmuffins 30
   13. Crème de Menthe Ontbijtsmoothie 32
   14. Crème de Menthe Bananenbrood 34
   15. Creme de Menthe Ontbijtpannenkoeken 36
   16. Creme de Menthe Ontbijthavermout 38
   17. Creme de Menthe Ontbijtschotel 40
SNACKS EN VOORGERECHTEN 42
   18. Crème de Menthe-roomsoesjes 43
   19. Creme De Menthe Koekjesballetjes zonder bakvorm 46
   20. Andes Creme de Menthe Roomkaaskoekjes 48
   21. Muntchocoladechipdip 50
   22. Muntachtige gegrilde garnalenspiesjes 52
   23. Muntachtige chocoladetruffels 54
   24. Andes Crème De Menthe-koekjes 56
   25. Creme de Menthe-repen 58
   26. Munt- en bessensalade 60
   27. Creme de Menthe Cheesecake Bites 62
   28. Crème de Menthe Chocolade Aardbeien 64
   29. Crème de Menthe Brownie Bites 66
   30. Crème de Menthe Chocolade Schors 68
   31. Creme de Menthe Munt Chocolade Fudge 70
   32. Creme de Menthe Met chocolade bedekte pretzels: 72
   33. Creme de Menthe Muntchocolade Popcorn 74
   34. Creme de Menthe Rijstkrispie-traktaties 76
HOOFDGERECHT 78
   35. Gemunte Quinoa-salade 79

36. Crème de Menthe Geglazuurde Zalm 81
37. Crème de Menthe Champignonrisotto 83
38. Creme de Menthe Kip Alfredo 85
39. Creme de Menthe Geglazuurde varkenshaas 87
40. Creme de Menthe Garnalenlinguine 89
41. Creme de Menthe Roerbakrundvlees 91
42. Creme de Menthe Groentepasta 93

DESSERT EN SNOEPJES 95
43. Sprinkhaan Brownies Supreme 96
44. Vers tuinmuntijs 99
45. Espressotaart met chocolademunt 101
46. Crème De Menthe Parfait 103
47. Creme de Menthe-koekjes 105
48. Crème de Menthe Chocolademousse 107
49. Creme de Menthe-ijsvlotter 109
50. Crème de Menthe Chocolade Cheesecake 111
51. Crème de Menthe Chocoladefondue 113
52. Limoentaart met Creme de Menthe 115
53. Browniesoufflé met muntcrème 118
54. Oreo Munt-ijs 120
55. Cheesecakemousse met muntchips 122
56. Marshmallow- meringue-gelatocake 125
57. Crème de Menthe Chocolade Trifle 127
58. Creme de Menthe Sprinkhaantaart 129
59. Creme de Menthe chocoladekoekjes 131

SPECERIJEN 133
60. Creme de Menthe Muntsaus 134
61. Crème de Menthe Muntgelei 136
62. Creme de Menthe Muntpesto 138
63. Creme de Menthe Munt Chimichurri 140
64. Creme de Menthe Muntsalsa 142
65. Muntpestodip 144
66. Munt Yoghurtsaus 146
67. Munt Aioli 148
68. Munt mosterd 150

COCKTAILS 152
69. Bevriezing Tequila Cocktail 153
70. Chocolade Munt Oreo Drankje 155
71. Verjaardag romig genot 157
72. Creme de Menthe-ijsshots 159
73. Londense mist 161
74. Stinger 163
75. Amerikaanse schoonheid 165

76. Sta op mijn liefde 167
77. Monte Carlo 169
78. Pall Mall Martini 171
79. IJsberg 173
80. Munt Patty Martini 175
81. Vliegende sprinkhaan 177
82. Gemengde mokka-frappe 179
83. Koffie Sprinkhaan 181
84. Geheel witte Frappe 183
85. Ierse engel 185
86. Bushmills Ierse koffie 187
87. Sprinkhaan cappuccino 189
88. Cacao-Mint Espresso Shake 191
89. Kahlúa Crème De Menthe Koffie 193
90. Chocolade Stinger 195
91. Gevallen engel 197
92. Groene Swizzle 199
93. Klaver 201
94. Smoothie met muntchocoladechips 203
95. Pepermunt Boba thee 205
96. Crème de Menthe Sparkler 207
97. Crème de Menthe Wit-Russisch 209
98. Crème de Menthe Fizz 211
99. Crème de Menthe Daiquiri 213
100. Crème de Menthe Margarita 215

CONCLUSIE 217

INVOERING

Welkom bij het «Een kookboek met muntcrème», waarin we de heerlijke veelzijdigheid van deze levendige en verfrissende likeur verkennen aan de hand van een verzameling van 100 overheerlijke recepten. Crème de Menthe is met zijn heldergroene tint en frisse muntsmaak een geliefd ingrediënt in cocktails en desserts, maar zijn culinaire mogelijkheden reiken tot ver buiten de bar. In dit kookboek vieren we de unieke smaak en veelzijdigheid van crème de menthe, waarbij we het vermogen laten zien om zowel zoete als hartige gerechten naar een hoger niveau te tillen met een vleugje koele muntachtige frisheid.

In dit kookboek ontdek je een gevarieerd aanbod aan recepten die de levendige smaak en het verfrissende aroma van crème de menthe benadrukken. Van klassieke cocktails en decadente desserts tot hartige sauzen en marinades, elk recept is samengesteld om de unieke kenmerken van deze geliefde likeur te laten zien. Of je nu fan bent van muntachtige mojito's, heerlijke sprinkhanentaarten of hartige gerechten met een vleugje munt, in deze collectie is voor ieder wat wils.

Wat het "Een kookboek met muntcrème" onderscheidt, is de nadruk op creativiteit en innovatie. Hoewel crème de menthe vaak wordt geassocieerd met cocktails en desserts, daagt dit kookboek traditionele opvattingen uit door het potentieel ervan in een breed scala aan culinaire toepassingen te onderzoeken. Met zijn heldergroene kleur en verfrissende smaak geeft crème de menthe een unieke twist aan zowel zoete als hartige gerechten, waardoor het een veelzijdig ingrediënt is voor zowel thuiskoks als professionele koks.
In dit kookboek vindt u praktische tips voor het koken met crème de menthe, maar ook prachtige fotografie ter inspiratie voor uw culinaire creaties. Of u nu een cocktailparty organiseert, een speciaal dessert bereidt of experimenteert met nieuwe smaakcombinaties in de keuken, het "Een kookboek met muntcrème" nodigt u uit om uw creativiteit de vrije loop te laten en de heerlijke mogelijkheden van deze iconische likeur te ontdekken.

ONTBIJT EN BRUNCH

1. Creme de Menthe-pannenkoekjes met chocoladechips

INGREDIËNTEN:
- 1 kopje bloem voor alle doeleinden
- 1 eetlepel suiker
- 1 theelepel bakpoeder
- ½ theelepel zuiveringszout
- ¼ theelepel zout
- ¼ kopje crème de menthe-likeur
- ¼ kopje melk
- ¼ kopje chocoladestukjes
- 1 ei
- 2 eetlepels gesmolten boter
- Slagroom (optioneel)
- Chocoladesaus (optioneel)

INSTRUCTIES:
a) Meng de bloem, suiker, bakpoeder, zuiveringszout en zout in een mengkom.
b) Klop in een aparte kom de crème de menthe, de melk, het ei en de gesmolten boter door elkaar.
c) Giet de natte ingrediënten bij de droge ingrediënten en roer tot ze net gemengd zijn. Meng niet te veel; sommige klontjes zijn oké.
d) Spatel voorzichtig de chocoladestukjes erdoor.
e) Verhit een bakplaat of koekenpan met antiaanbaklaag op middelhoog vuur en vet deze licht in met boter of kookspray.
f) Giet ¼ kopje porties van het pannenkoekbeslag op de bakplaat en kook tot er belletjes op het oppervlak ontstaan. Draai om en bak de andere kant goudbruin.
g) Serveer de pannenkoeken met een toefje slagroom en eventueel een scheutje chocoladesaus. Je kunt ook een scheutje crème de menthe aan de slagroom toevoegen voor een extra muntachtige toets.

2.Crème de Menthe Franse Toast

INGREDIËNTEN:
- 4 sneetjes brood
- 2 eieren
- ¼ kopje melk
- 2 eetlepels creme de menthe likeur
- ½ theelepel vanille-extract
- ¼ theelepel gemalen kaneel
- Boter om te koken
- Poedersuiker (om te bestuiven)

INSTRUCTIES:
a) Klop in een ondiepe schaal de eieren, melk, creme de menthe, vanille-extract en gemalen kaneel door elkaar.
b) Verhit een koekenpan of bakplaat op middelhoog vuur en smelt er wat boter in.
c) Doop elk sneetje brood in het eimengsel en zorg ervoor dat beide kanten goed bedekt zijn.
d) Leg de gecoate sneetjes brood in de hete koekenpan en bak tot ze aan beide kanten goudbruin zijn.
e) Bestrooi de wentelteefjes met poedersuiker en serveer met een scheutje crème de menthe-siroop (meng crème de menthe met poedersuiker tot de gewenste consistentie is bereikt).

3.Crème de Menthe Chocoladewafels

INGREDIËNTEN:
- 1 kopje bloem voor alle doeleinden
- ¼ kopje ongezoet cacaopoeder
- 2 eetlepels suiker
- 1 ½ theelepel bakpoeder
- ½ theelepel zuiveringszout
- ¼ theelepel zout
- ¼ kopje crème de menthe-likeur
- ¼ kopje melk
- ¼ kopje karnemelk
- 1 ei
- 2 eetlepels gesmolten boter
- ¼ kopje mini-chocoladestukjes
- Slagroom en chocoladeschaafsel als topping

INSTRUCTIES:
a) Meng in een mengkom de bloem, cacaopoeder, suiker, bakpoeder, zuiveringszout en zout.
b) Meng in een andere kom de crème de menthe, melk, karnemelk, ei en gesmolten boter.
c) Giet de natte ingrediënten bij de droge ingrediënten en roer tot alles goed gemengd is.
d) Spatel de mini-chocoladestukjes er voorzichtig door.
e) Verwarm je wafelijzer voor en vet het licht in met bakspray.
f) Giet het wafelbeslag op het voorverwarmde wafelijzer en bak volgens de instructies van de fabrikant tot de wafels knapperig en bruin zijn.
g) Serveer de creme de menthe chocoladewafels met een toefje slagroom en chocoladeschaafsel.

4. Crème de Menthe Ontbijtparfait

INGREDIËNTEN:
- 1 kopje vanilleyoghurt
- 2 eetlepels creme de menthe likeur
- ½ kopje muesli
- ½ kopje verse bessen (aardbeien, bosbessen of frambozen)
- Verse muntblaadjes ter garnering

INSTRUCTIES:
a) Meng in een kom de creme de menthe likeur met de vanilleyoghurt.
b) Doe de creme de menthe-yoghurt, muesli en verse bessen in serveerglazen of kommen.
c) Herhaal de lagen tot het glas gevuld is en eindig met een klodder yoghurt erop.
d) Garneer met verse muntblaadjes.

5. Crème de Menthe Chocoladecroissants

INGREDIËNTEN:
- 4 mini-croissants
- ¼ kopje crème de menthe-likeur
- ¼ kopje chocoladestukjes
- 2 eetlepels poedersuiker (om te bestuiven)

INSTRUCTIES:
a) Verwarm uw oven voor op 175°C.
b) Snijd elke mini-croissant in de lengte doormidden, zodat een boven- en onderkant ontstaat.
c) Druppel de creme de menthe-likeur over de onderste helften van de croissants.
d) Strooi de chocoladestukjes gelijkmatig over de in likeur gedrenkte croissanthelften.
e) Plaats de bovenste helften terug op de bodems om sandwiches te maken.
f) Wikkel elke croissantsandwich in aluminiumfolie.
g) Bak in de voorverwarmde oven gedurende ongeveer 10 minuten, of tot de croissants warm zijn en de chocolade gesmolten is.
h) Bestrooi met poedersuiker en serveer warm.

6.Creme de Menthe Avocadotoast

INGREDIËNTEN:
- 2 sneetjes volkorenbrood
- 1 rijpe avocado
- 1 eetlepel creme de menthe likeur
- 1 theelepel citroensap
- Zout en peper naar smaak
- Rode pepervlokken (optioneel)
- Verse muntblaadjes ter garnering

INSTRUCTIES:
a) Rooster de sneetjes volkorenbrood tot ze knapperig en goudbruin zijn.
b) Pureer in een kom de rijpe avocado met creme de menthe likeur en citroensap.
c) Breng het avocadomengsel op smaak met zout, peper en rode pepervlokken (als je van een beetje pittig houdt).
d) Verdeel het crème de menthe-avocadomengsel gelijkmatig over de geroosterde sneetjes brood.
e) Garneer met verse muntblaadjes voor een vleugje frisheid.
f) Geniet van je unieke en romige creme de menthe avocadotoast.

7.Crème de Menthe Fruitsalade

INGREDIËNTEN:
- Geassorteerd vers fruit (bijv. aardbeien, kiwi, ananas en druiven), gehakt of in plakjes gesneden
- 2 eetlepels creme de menthe likeur
- 1 eetlepel honing
- Verse muntblaadjes ter garnering

INSTRUCTIES:
a) Combineer het diverse verse fruit in een grote kom.
b) Klop in een aparte kleine kom de crème de menthe-likeur en de honing door elkaar.
c) Sprenkel het mengsel van crème de menthe en honing over de fruitsalade en roer voorzichtig zodat het fruit bedekt is.
d) Garneer met verse muntblaadjes.
e) Serveer uw creme de menthe fruitsalade als een verfrissende en levendige ontbijtoptie.

8.Muntchocoladekoekjes

INGREDIËNTEN:
- 1 ½ kopje bloem voor alle doeleinden
- 2 eetlepels suiker
- 2 theelepel bakpoeder
- ¼ theelepel zout
- 1 ¼ kopjes melk
- 1 ei
- 2 eetlepels ongezouten boter, gesmolten
- ½ theelepel creme de menthe likeur
- ½ kopje chocoladestukjes
- ¼ kopje gehakte verse muntblaadjes
- Slagroom (optioneel)

INSTRUCTIES:
a) Meng in een grote kom de bloem, suiker, bakpoeder en zout.
b) Klop in een aparte kom de melk, het ei, de gesmolten boter en de crème de menthe-likeur samen.
c) Voeg de natte ingrediënten toe aan de droge ingrediënten en roer tot alles net gemengd is.
d) Vouw de chocoladestukjes en de gehakte muntblaadjes erdoor.
e) Verhit een koekenpan of bakplaat met anti-aanbaklaag op middelhoog vuur.
f) Schep ongeveer ¼ kopje beslag per pannenkoek in de koekenpan of bakplaat.
g) Kook tot de randen van de pannenkoeken droog zijn en het oppervlak bubbelt, draai ze dan om en bak nog eens 1-2 minuten tot de pannenkoeken gaar zijn.
h) Herhaal met het resterende beslag.
i) Serveer de pannenkoeken warm met eventueel slagroom.
j) Genieten!

9.Muntchocoladewafels

INGREDIËNTEN:
- 1 ½ kopje bloem voor alle doeleinden
- ¼ kopje cacaopoeder
- 2 eetlepels suiker
- 2 theelepel bakpoeder
- ½ theelepel zuiveringszout
- ½ theelepel zout
- 1 ½ kopje karnemelk
- ¼ kopje plantaardige olie
- 2 eieren
- 1 theelepel creme de menthe likeur
- ¼ kopje gehakte verse muntblaadjes
- Slagroom en chocoladestukjes voor de topping (optioneel)

INSTRUCTIES:

a) Meng in een grote kom de bloem, cacaopoeder, suiker, bakpoeder, zuiveringszout en zout.
b) Klop in een aparte kom de karnemelk, plantaardige olie, eieren en crème de menthe-likeur samen.
c) Voeg de natte ingrediënten toe aan de droge ingrediënten en roer tot alles net gemengd is.
d) Vouw de gehakte muntblaadjes erdoor.
e) Verwarm een wafelijzer voor en spuit in met bakspray.
f) Giet het beslag in het wafelijzer en bak volgens de instructies van de fabrikant.
g) Serveer de wafels indien gewenst met slagroom en chocoladestukjes, en geniet ervan!

10. Munt scones

INGREDIËNTEN:
- 2 kopjes All-purpose Flour
- ¼ kopje suiker
- 1 eetlepel bakpoeder
- ¼ theelepel zout
- ½ kopje ongezouten boter, koud en in kleine stukjes gesneden
- ½ kopje gehakte verse muntblaadjes
- ⅔ kopje slagroom
- 1 groot ei
- 1 theelepel creme de menthe likeur

INSTRUCTIES:
a) Verwarm de oven voor op 400 ° F en bekleed een bakplaat met bakpapier.
b) Meng in een grote kom de bloem, suiker, bakpoeder en zout.
c) Snijd de boter erdoor met een blender of met je vingers tot het mengsel op grove kruimels lijkt.
d) Roer de gehakte muntblaadjes erdoor.
e) Klop in een aparte kom de slagroom, het ei en de crème de menthe-likeur door elkaar.
f) Voeg de natte ingrediënten toe aan de droge ingrediënten en roer tot het mengsel een deeg vormt.
g) Leg het deeg op een licht met bloem bestoven oppervlak en kneed het kort.
h) Dep het deeg in een cirkel van ongeveer 1 inch dik.
i) Snij de cirkel in 8 partjes.
j) Plaats de wiggen op de voorbereide bakplaat.
k) Bak gedurende 18-20 minuten, of tot de scones licht goudbruin en gaar zijn.
l) Laat de scones een paar minuten afkoelen voordat je ze serveert.
m) Genieten!

11. Toast met munt en ricotta

INGREDIËNTEN:
- 2 sneetjes volkorenbrood, geroosterd
- ½ kopje ricottakaas
- ¼ kopje verse muntblaadjes
- 1 theelepel creme de menthe likeur
- 1 theelepel honing
- Snufje zout

INSTRUCTIES:
a) Meng in een kleine kom de ricottakaas, muntblaadjes, crème de menthe-likeur, honing en zout.
b) Verdeel het ricottamengsel gelijkmatig over de geroosterde sneetjes brood.
c) Serveer onmiddellijk en geniet ervan!

12. Creme de Menthe Muntmuffins

INGREDIËNTEN:
- 2 kopjes All-purpose Flour
- 1/2 kopje suiker
- 1 eetlepel bakpoeder
- Snufje zout
- 1 kopje melk
- 1/3 kopje plantaardige olie
- 2 eieren
- 1 theelepel vanille-extract
- 1/4 kopje Creme de Menthe-likeur
- 1/2 kop gehakte verse muntblaadjes

INSTRUCTIES:
a) Verwarm uw oven voor op 190°C (375°F) en bekleed een muffinvorm met papieren bakvormen.
b) Meng de bloem, de suiker, het bakpoeder en het zout in een mengkom.
c) Klop in een andere kom de melk, plantaardige olie, eieren en vanille-extract tot alles goed gemengd is.
d) Voeg geleidelijk de natte ingrediënten toe aan de droge ingrediënten, roer tot ze net gemengd zijn.
e) Roer de Creme de Menthe-likeur en de gehakte verse muntblaadjes erdoor.
f) Verdeel het beslag gelijkmatig over de muffinvormpjes en bak 18-20 minuten, of totdat een tandenstoker die je in het midden steekt er schoon uitkomt.
g) Laat de muffins een paar minuten afkoelen in de vorm voordat je ze op een rooster legt om volledig af te koelen.

13. Crème de Menthe Ontbijtsmoothie

INGREDIËNTEN:
- 1 rijpe banaan
- 1/2 kop gewone Griekse yoghurt
- 1/2 kopje spinazieblaadjes
- 1/4 kopje Creme de Menthe-likeur
- 1/2 kop melk (zuivel of plantaardig)
- Handvol ijsblokjes
- Takjes verse munt voor garnering (optioneel)

INSTRUCTIES:
a) Meng in een blender de banaan, Griekse yoghurt, spinazieblaadjes, Creme de Menthe-likeur, melk en ijsblokjes.
b) Meng tot een glad en romig mengsel en voeg indien nodig meer melk toe om de gewenste consistentie te bereiken.
c) Giet de smoothie in glazen en garneer eventueel met verse munttakjes.
d) Serveer onmiddellijk.

14. Crème de Menthe Bananenbrood

INGREDIËNTEN:
- 2 rijpe bananen, gepureerd
- 1/2 kopje Creme de Menthe-likeur
- 1/3 kopje gesmolten boter
- 1/2 kopje suiker
- 1 ei
- 1 theelepel vanille-extract
- 1 1/2 kopjes bloem voor alle doeleinden
- 1 theelepel zuiveringszout
- 1/2 theelepel zout
- Optioneel: 1/2 kop gehakte noten (zoals walnoten of pecannoten)

INSTRUCTIES:
a) Verwarm uw oven voor op 175°C. Vet een broodvorm van 9x5 inch in.
b) Meng in een grote mengkom de geprakte bananen en de Creme de Menthe-likeur.
c) Roer de gesmolten boter, suiker, ei en vanille-extract erdoor tot alles goed gemengd is.
d) Meng in een aparte kom de bloem, het bakpoeder en het zout.
e) Voeg geleidelijk de droge ingrediënten toe aan de natte ingrediënten, roer tot ze net gemengd zijn. Vouw de gehakte noten erdoor, indien gebruikt.
f) Giet het beslag in de voorbereide bakvorm en strijk de bovenkant glad.
g) Bak gedurende 50-60 minuten, of totdat een tandenstoker die je in het midden steekt er schoon uitkomt.
h) Laat het bananenbrood 10 minuten afkoelen in de pan en leg het vervolgens op een rooster om volledig af te koelen voordat je het gaat snijden.

15. Creme de Menthe Ontbijtpannenkoeken

INGREDIËNTEN:
- 1 kopje bloem voor alle doeleinden
- 2 eieren
- 1/2 kopje melk
- 1/2 kopje water
- 2 eetlepels gesmolten boter
- 2 eetlepels Creme de Menthe likeur
- Snufje zout
- Kookspray of extra gesmolten boter, om te koken
- Verse bessen en slagroom, om te serveren

INSTRUCTIES:

a) Meng in een blender de bloem, eieren, melk, water, gesmolten boter, Creme de Menthe-likeur en zout. Mixen tot een gladde substantie.

b) Verhit een koekenpan of crêpepan met antiaanbaklaag op middelhoog vuur. Bestrijk de koekenpan licht met kookspray of gesmolten boter.

c) Giet ongeveer 1/4 kopje beslag in de koekenpan, al roerend om de bodem gelijkmatig te bedekken.

d) Kook gedurende 1-2 minuten, of totdat de randen beginnen los te komen en de bodem licht goudbruin is.

e) Draai de crêpe voorzichtig om en bak nog 1-2 minuten aan de andere kant.

f) Herhaal dit met het resterende beslag en stapel de gekookte pannenkoeken gaandeweg op een bord.

g) Serveer de crêpes warm, gevuld met verse bessen en gegarneerd met slagroom.

16. Creme de Menthe Ontbijthavermout

INGREDIËNTEN:
- 1 kop gerolde haver
- 2 kopjes melk (zuivel of plantaardig)
- 1/4 kopje Creme de Menthe-likeur
- 2 eetlepels honing of ahornsiroop
- 1/4 theelepel vanille-extract
- Snufje zout
- Gesneden bananen, chocoladestukjes en gehakte noten als topping

INSTRUCTIES:
a) Meng in een pan de havermout, melk, Creme de Menthe-likeur, honing of ahornsiroop, vanille-extract en zout.
b) Breng het mengsel op middelhoog vuur aan de kook, af en toe roerend.
c) Zet het vuur laag en blijf koken, onder regelmatig roeren, gedurende 5-7 minuten, of tot de havermout dik en romig is.
d) Haal van het vuur en laat het een minuut of twee staan om verder in te dikken.
e) Serveer de havermout warm, gegarneerd met gesneden bananen, chocoladestukjes en gehakte noten.
f) Geniet van je Creme de Menthe ontbijthavermout!

17. Creme de Menthe Ontbijtschotel

INGREDIËNTEN:
- 6 sneetjes brood, in blokjes
- 1 kopje geraspte cheddarkaas
- 1 kop gekookte en verkruimelde worst of spek
- 6 eieren
- 1 1/2 kopjes melk
- 1/4 kopje Creme de Menthe-likeur
- 1 theelepel mosterdpoeder
- Zout en peper naar smaak
- Optioneel: Gehakte verse kruiden (zoals peterselie of bieslook)

INSTRUCTIES:
a) Verwarm uw oven voor op 175°C. Vet een ovenschaal van 9x13 inch in.
b) Verdeel de broodblokjes gelijkmatig over de bodem van de ovenschaal. Strooi de geraspte kaas en gekookte worst of spek over het brood.
c) Klop in een grote mengkom de eieren, melk, Creme de Menthe-likeur, mosterdpoeder, zout en peper samen.
d) Giet het eimengsel over het brood, de kaas en het vlees in de ovenschaal.
e) Druk zachtjes op het brood om ervoor te zorgen dat het volledig doordrenkt is met het eimengsel.
f) Bedek de ovenschaal met aluminiumfolie en bak gedurende 30 minuten.
g) Verwijder de folie en bak nog eens 15-20 minuten, of totdat de braadpan gaar is en de bovenkant goudbruin is.
h) Laat de braadpan een paar minuten afkoelen voordat u hem in stukken snijdt en serveert.
i) Garneer eventueel met gehakte verse kruiden.

SNACKS EN VOORGERECHTEN

18. Crème de Menthe-roomsoesjes

INGREDIËNTEN:
- 1¼ kopjes water
- ⅔ kopje boter, in blokjes
- 1¼ kopjes bloem voor alle doeleinden
- 5 grote eieren, kamertemperatuur

VULLING:
- 2 kopjes zware slagroom
- ⅓ kopje groene crème de menthe

GLAZUUR:
- ⅓ kopje boter, in blokjes
- 2 ons ongezoete chocolade, gehakt
- 2 kopjes banketbakkerssuiker
- 1½ theelepel vanille-extract
- 3 tot 6 eetlepels heet water
- Extra banketbakkerssuiker, optioneel

INSTRUCTIES:

a) Breng in een grote pan water en boter aan de kook. Voeg de bloem in één keer toe en roer tot er een gladde bal ontstaat. Haal van het vuur; laat 5 minuten staan.

b) Voeg de eieren toe, 1 voor 1, en klop goed na elke toevoeging. Blijf kloppen tot het mengsel glad en glanzend is. Laat afgeronde theelepels met een tussenruimte van 5 cm op ingevette bakplaten vallen.

c) Bak op 400 ° gedurende 20-25 minuten of tot ze goudbruin zijn. Verwijderen naar draadrekken. Snijd een kleine spleet in de zijkant van elk trekje zodat de stoom kan ontsnappen. Koele trekjes.

d) Voor de vulling: klop de room in een grote kom tot er zachte pieken ontstaan. Crème de menthe erdoor roeren . Spuit ongeveer 1 eetlepel in elk trekje. Zet maximaal 2 uur in de koelkast.

e) Voor glazuur, combineer boter en chocolade in een kleine pan. Kook en roer op laag vuur tot het gesmolten is. Haal van het vuur. Roer met een garde de suiker, vanille en voldoende water van de banketbakker erdoor om de gewenste consistentie voor het dippen te verkrijgen. Roer tot het glad is en er geen klontjes verschijnen.

f) Om een boom in elkaar te zetten: Scheid de trekjes op basis van grootte en vorm, kies de platste voor de onderste laag en de kleinste voor de bovenkant. Doop de onderkant van de 21 platste trekjes in het glazuur. Plaats op een 10-in. ronde serveerschaal, in concentrische cirkels die een dichte cirkel vormen.

g) Voor de tweede laag doopt u de onderkant van 15 soesjes in het glazuur en plaatst u ze vervolgens op de basislaag. Ga door met het bouwen van de boom, gebruik ongeveer 11 trekjes in de derde laag, ongeveer 6 trekjes in de vierde laag, ongeveer 4 trekjes in de vijfde laag en 1 trekje bovenop.

h) Sprenkel het resterende glazuur over de boom en verdun indien nodig met heet water.

i) Bedek de boom losjes met plasticfolie en zet hem maximaal 2 uur in de koelkast. Bestrooi desgewenst vlak voor het serveren met banketbakkerssuiker.

19. Creme De Menthe Koekjesballetjes zonder bakvorm

INGREDIËNTEN:
- 12 ons vanillewafelkruimels
- 3/4 kop fijngehakte pecannoten
- 1 kopje poedersuiker
- 2 eetlepels lichte glucosestroop
- 1/3 - 1/2 kopje groene crème de menthe
- Extra poedersuiker

INSTRUCTIES:
a) Combineer vanillewafelkruimels, gehakte pecannoten, 1 kopje poedersuiker, glucosestroop en creme de menthe en meng tot een stijf deeg.
b) Rol het mengsel in balletjes van 1 inch en rol vervolgens elke bal in extra poedersuiker om te coaten.

20. Andes Creme de Menthe Roomkaaskoekjes

INGREDIËNTEN:
- ½ kopje zachte roomkaas
- ½ kopje zachte boter
- 1 kopje suiker
- 1 ei
- ¼ theelepel zout
- ¼ theelepel bakpoeder
- 1 kopje bloem
- 1 pakje Andes creme de menthe bakchips

INSTRUCTIES:
a) Verwarm de oven voor op 350 graden. Bekleed een bakplaat met bakpapier of spuit het in met kookspray.
b) Klop in een grote kom de roomkaas en boter samen. Klop geleidelijk de suiker er op gemiddelde snelheid door tot het licht en luchtig is. Klop het ei en het zout erdoor.
c) Meng het bakpoeder en de bloem in een kleine kom en voeg het toe aan het roomkaasmengsel. Roer de helft van het zakje Andes creme de menthe bakchips erdoor. Laat het deeg 30-60 minuten in de koelkast afkoelen.
d) Laat ronde eetlepels deeg op de bakplaat vallen, met een onderlinge afstand van 5 cm. Houd er rekening mee dat de koekjes tijdens het bakken behoorlijk uitsmeren.
e) Bak op 350 graden gedurende 9-10 minuten, totdat de onderkant nauwelijks bruin wordt. Verwijder de koekjes en laat ze afkoelen.
f) In een kleine kom de resterende crème de menthe-chips in de magnetron zetten tot ze gesmolten zijn. Giet de gesmolten chocolade over de koekjes en laat ze afkoelen.

21. Muntchocoladechipdip

INGREDIËNTEN:
- 1 kopje roomkaas, verzacht
- ½ kopje poedersuiker
- 2 eetlepels crème de menthe
- ½ kopje mini-chocoladestukjes
- Verse muntblaadjes voor garnering (optioneel)

INSTRUCTIES:
a) Meng in een mengkom de zachte roomkaas en de poedersuiker tot een gladde massa.
b) Roer de crème de menthe erdoor tot alles goed gemengd is.
c) Vouw de mini-chocoladestukjes erdoor.
d) Zet minimaal 30 minuten in de koelkast voordat u het serveert.
e) Garneer eventueel met verse muntblaadjes. Serveer met graham crackers of pretzels.

22. Muntachtige gegrilde garnalenspiesjes

INGREDIËNTEN:
- 1 pond grote garnalen, gepeld en ontdaan van darmen
- ¼ kopje olijfolie
- 2 eetlepels crème de menthe
- 2 teentjes knoflook, fijngehakt
- 1 theelepel citroenschil
- Zout en peper naar smaak
- Verse muntblaadjes ter garnering

INSTRUCTIES:
a) Meng in een kom olijfolie, creme de menthe, gehakte knoflook, citroenschil, zout en peper.
b) Voeg de gepelde en ontdaan garnalen toe aan de marinade en zorg ervoor dat ze goed bedekt zijn. Laat het minimaal 15 minuten marineren.
c) Rijg de garnalen aan spiesjes.
d) Verwarm de grill voor op middelhoog vuur. Grill de garnalenspiesjes 2-3 minuten per kant of tot ze ondoorzichtig en gaar zijn.
e) Garneer voor het serveren met verse muntblaadjes. Serveer met een dipsaus gemaakt met creme de menthe en eventueel een scheutje citroen.

23. Muntachtige chocoladetruffels

INGREDIËNTEN:
- 8 ons pure chocolade, fijngehakt
- ½ kopje zware room
- 2 eetlepels ongezouten boter
- 2 eetlepels crème de menthe
- Cacaopoeder voor coating

INSTRUCTIES:
a) Doe de fijngehakte pure chocolade in een hittebestendige kom.
b) Verhit de slagroom en de boter in een kleine pan op middelhoog vuur tot het begint te sudderen.
c) Giet het warme roommengsel over de gehakte chocolade en laat het een minuutje staan. Roer tot het glad en goed gecombineerd is.
d) Roer de crème de menthe erdoor tot deze volledig is opgenomen.
e) Zet het mengsel minimaal 2 uur in de koelkast, of tot het stevig is.
f) Schep kleine porties van het mengsel uit en rol ze in balletjes ter grootte van een truffel.
g) Rol de truffels door cacaopoeder zodat ze bedekt zijn. Koel tot klaar om te serveren.

24. Andes Crème De Menthe-koekjes

INGREDIËNTEN:
- ½ kopje boter, verzacht
- 3/4 kopje bruine suiker
- ½ kopje kristalsuiker
- 1 theelepel zuiveringszout
- 1 theelepel bakpoeder
- 2 theelepels vanille-extract
- 2 grote eieren
- 10-ounce pakket Andes mint bakchips
- 2 2/3 kopjes bloem voor alle doeleinden

INSTRUCTIES:
a) Verwarm de oven voor op 350 ° F. Doe dit pas nadat het deeg is gekoeld.
b) Meng boter, bruine suiker, witte kristalsuiker, zuiveringszout, bakpoeder, vanille en eieren tot de ingrediënten gemengd zijn.
c) Voeg Andes Baking Chips toe en meng.
d) Voeg de bloem toe en blijf mixen tot alle ingrediënten goed gemengd zijn.
e) Dek af en zet 45-60 minuten in de koelkast.
f) Schep ongeveer 1 ounce deeg per koekje.
g) Vorm een bal en druk deze vervolgens een beetje plat.
h) Plaats ze op bakvormen met antiaanbaklaag en bak ze ongeveer 8-10 minuten.
i) Laat 2 minuten afkoelen op de pannen en verwijder ze vervolgens.

25. Creme de Menthe-repen

INGREDIËNTEN:
- 1 ¼ kopjes fijngemalen Oreo-koekjes (ongeveer 14 koekjes)
- 2 eetlepels gesmolten boter
- 1 theelepel ongearomatiseerde gelatine
- 1 ¾ kopjes koude 2% melk, verdeeld
- 20 grote marshmallows
- ¼ kopje groene creme de menthe-siroop
- 3 ons roomkaas, verzacht
- 3,9-ounce pakket instant chocoladepuddingmix
- 1 kopje zware slagroom

INSTRUCTIES:
a) Meng in een kleine kom gemalen koekjes en gesmolten boter. Houd 3 eetlepels apart voor de topping. Druk het resterende mengsel op de bodem van een ingevette 8-in. vierkante ovenschaal. Zet 30 minuten in de koelkast.
b) Strooi in een grote magnetronbestendige kom gelatine over ½ kopje koude melk; laat het 1 minuut staan. Magnetron op de hoogste stand gedurende 30-40 seconden. Roer totdat de gelatine volledig is opgelost. Voeg marshmallows toe; Magnetron gedurende 1-2 minuten langer of totdat de marshmallows gepoft zijn.
c) Roer tot een gladde massa. Crème de menthe erdoor roeren. Zet 15-20 minuten in de koelkast of tot het koud maar nog niet stevig is, en roer vaak.
d) Klop ondertussen in een kleine kom de roomkaas geleidelijk tot een gladde massa. Klop in een andere kom het puddingmengsel en de resterende koude melk (1 ¼ kopjes). Klop geleidelijk de roomkaas erdoor.
e) Klop in een grote kom de slagroom tot er zachte pieken ontstaan; vouw door het marshmallowmengsel. Schep de helft van het mengsel over de voorbereide korst; zet 10 minuten in de koelkast.
f) Laag met het puddingmengsel en het resterende marshmallowmengsel; bestrooi met de achtergehouden kruimels.
g) Zet 2 uur in de koelkast of tot het is uitgehard.

26. Munt- en bessensalade

INGREDIËNTEN:
- 2 kopjes gemengde bessen
- ¼ kopje gehakte verse muntblaadjes
- 1 eetlepel honing
- Crème de menthe
- ¼ kopje gehakte noten (zoals walnoten of amandelen)

INSTRUCTIES:
a) Combineer de gemengde bessen en gehakte muntblaadjes in een grote kom.
b) Klop in een kleine kom de honing en de crème de menthe-likeur door elkaar.
c) Giet het honingmengsel over de bessen en munt en schep om.
d) Verdeel de salade in kommen en bestrooi met gehakte noten.
e) Serveer onmiddellijk en geniet ervan!

27. Creme de Menthe Cheesecake Bites

INGREDIËNTEN:
- 8 ons roomkaas, verzacht
- 1/4 kopje Creme de Menthe-likeur
- 1/2 kop poedersuiker
- 1/2 theelepel vanille-extract
- 1 kopje chocoladekoekjeskruimels
- Chocoladeschaafsel of cacaopoeder voor garnering (optioneel)

INSTRUCTIES:
a) Klop in een mengkom de roomkaas tot een gladde massa.
b) Voeg geleidelijk de Creme de Menthe-likeur, de poedersuiker en het vanille-extract toe en klop tot alles goed gemengd is.
c) Roer de chocoladekoekjeskruimels erdoor tot ze gelijkmatig verdeeld zijn.
d) Rol het mengsel in kleine balletjes en leg ze op een bakplaat bekleed met bakpapier.
e) Zet de cheesecake-bites minimaal 1 uur in de koelkast, of tot ze stevig zijn.
f) Garneer indien gewenst met chocoladeschaafsel of bestuif met cacaopoeder voordat u het serveert.

28. Crème de Menthe Chocolade Aardbeien

INGREDIËNTEN:
- Verse aardbeien
- 1/4 kopje Creme de Menthe-likeur
- 8 ons halfzoete chocolade, gehakt
- Witte chocolade om te besprenkelen (optioneel)

INSTRUCTIES:
a) Spoel de aardbeien af en dep ze droog met keukenpapier.
b) Creme de Menthe-likeur in een kleine pan op laag vuur tot deze warm is, maar niet kookt.
c) Doe de gehakte halfzoete chocolade in een hittebestendige kom en giet de warme Creme de Menthe erover. Laat het een minuutje staan en roer dan tot de chocolade gesmolten en glad is.
d) Dompel elke aardbei in de gesmolten chocolade en bedek hem halverwege. Leg de gedipte aardbeien op een bakplaat bekleed met bakpapier.
e) Smelt indien gewenst de witte chocolade en sprenkel dit ter decoratie over de gedoopte aardbeien.
f) Zet de met chocolade bedekte aardbeien ongeveer 30 minuten in de koelkast, of totdat de chocolade is uitgehard.
g) Serveer als een heerlijke en elegante snack of dessert.

29. Crème de Menthe Brownie Bites

INGREDIËNTEN:
- 1 batch van je favoriete browniebeslag
- 1/4 kopje Creme de Menthe-likeur
- Chocoladeganache of gesmolten chocolade om te dippen
- Geplette pepermuntsnoepjes of hagelslag voor garnering (optioneel)

INSTRUCTIES:
a) Verwarm de oven voor volgens de receptinstructies voor de brownie en bereid het browniebeslag.
b) Roer de Creme de Menthe-likeur erdoor tot het goed is opgenomen.
c) Giet het browniebeslag in een mini-muffinvormpje bekleed met papieren bakvormpjes en vul elk bakblik voor ongeveer 3/4 vol.
d) Bak de browniebites volgens de receptinstructies, of totdat een tandenstoker die in het midden wordt gestoken eruit komt met vochtige kruimels.
e) Laat de brownie bites volledig afkoelen in de muffinvorm.
f) Eenmaal afgekoeld haal je de brownie-bites uit de muffinvorm en doop je de bovenkant in chocoladeganache of gesmolten chocolade.
g) Strooi indien gewenst gemalen pepermuntsnoepjes of hagelslag erover voordat de chocolade hard wordt.
h) Laat de chocolade opstijven voordat je hem serveert.

30. Crème de Menthe Chocolade Schors

INGREDIËNTEN:
- 12 ons pure chocolade, gehakt
- 1/4 kopje Creme de Menthe-likeur
- 1/2 kop gehakte noten (zoals amandelen of pistachenoten)
- 1/4 kop gedroogde veenbessen of kersen
- Zeezout om te bestrooien (optioneel)

INSTRUCTIES:
a) Bekleed een bakplaat met bakpapier.
b) Smelt de pure chocolade in een hittebestendige kom boven een pan met kokend water (dubbele boiler) en roer tot een gladde massa.
c) Roer de Creme de Menthe-likeur erdoor tot alles goed gemengd is.
d) Giet het gesmolten chocolademengsel op de voorbereide bakplaat en verdeel het gelijkmatig met een spatel.
e) Strooi de gehakte noten en gedroogde veenbessen of kersen gelijkmatig over de chocolade.
f) Strooi indien gewenst een snufje zeezout over de bovenkant voor een zoet en zout contrast.
g) Plaats de bakplaat ongeveer 1 uur in de koelkast, of totdat de chocolade is uitgehard.
h) Eenmaal uitgehard, breek je de chocoladeschors in stukjes en serveer je deze als een heerlijk en heerlijk tussendoortje of dessert.

31. Creme de Menthe Munt Chocolade Fudge

INGREDIËNTEN:
- 2 kopjes halfzoete chocoladestukjes
- 1 (14 ounce) blikje gezoete gecondenseerde melk
- 2 eetlepels boter
- 1/4 kopje Creme de Menthe-likeur
- 1 theelepel vanille-extract
- 1/2 kop gehakte noten (optioneel)

INSTRUCTIES:
a) Bekleed een ovenschaal van 8x8 inch met bakpapier, laat wat overhang aan de zijkanten zodat je het later gemakkelijk kunt verwijderen.
b) Meng in een pan de chocoladestukjes, de gezoete gecondenseerde melk en de boter op laag vuur. Roer voortdurend tot het gesmolten en glad is.
c) Haal de pan van het vuur en roer de Creme de Menthe-likeur en het vanille-extract erdoor tot alles goed gemengd is.
d) Als je noten gebruikt, roer ze dan door het fudge-mengsel.
e) Giet het fudge-mengsel in de voorbereide ovenschaal en verdeel het gelijkmatig met een spatel.
f) Zet de fudge minimaal 2 uur in de koelkast, of tot hij stevig is.
g) Eenmaal uitgehard, gebruik je het perkamentpapier om de fudge uit de schaal te tillen. Snijd het in vierkanten en serveer.

32. Creme de Menthe Met chocolade bedekte pretzels:

INGREDIËNTEN:
- Pretzelstaven of mini-pretzels
- 1 kop halfzoete chocoladestukjes
- 1/4 kopje Creme de Menthe-likeur
- Geplette pepermuntsnoepjes of hagelslag voor garnering (optioneel)

INSTRUCTIES:
a) Bekleed een bakplaat met vetvrij papier.
b) Smelt de chocoladestukjes in een magnetronbestendige kom in intervallen van 30 seconden, roer tussen elke interval, tot een gladde massa.
c) Roer de Creme de Menthe-likeur erdoor tot alles goed gemengd is.
d) Dompel elke pretzelstaaf of minikrakeling in de gesmolten chocolade en bedek deze halverwege. Schud overtollige chocolade eraf.
e) Plaats de met chocolade bedekte pretzels op de voorbereide bakplaat.
f) Strooi indien gewenst gemalen pepermuntsnoepjes of hagelslag over de chocolade voordat deze hard wordt.
g) Zet de pretzels ongeveer 30 minuten in de koelkast, of totdat de chocolade is uitgehard.
h) Eenmaal uitgehard serveer je de met chocolade bedekte pretzels van Creme de Menthe als zoete en zoute snack.

33. Creme de Menthe Muntchocolade Popcorn

INGREDIËNTEN:
- 8 kopjes gepofte popcorn (ongeveer 1/3 kopje ongepofte korrels)
- 1 kop halfzoete chocoladestukjes
- 1/4 kopje Creme de Menthe-likeur
- 1 eetlepel boter
- 1/2 theelepel muntextract
- Optioneel: gemalen pepermuntsnoepjes voor garnering

INSTRUCTIES:
a) Bekleed een grote bakplaat met bakpapier.
b) Doe de gepofte popcorn in een grote mengkom en verwijder alle ongepofte korrels.
c) Smelt de chocoladestukjes en boter in een magnetronbestendige kom in intervallen van 30 seconden, roer tussen elke interval, tot een gladde massa.
d) Roer de Creme de Menthe-likeur en het muntextract erdoor tot alles goed gemengd is.
e) Giet het chocolademengsel over de popcorn en roer voorzichtig zodat het gelijkmatig bedekt is.
f) Verdeel de met chocolade bedekte popcorn in een gelijkmatige laag op de voorbereide bakplaat.
g) Strooi indien gewenst gemalen pepermuntsnoepjes over de popcorn voor een extra muntachtige smaak en decoratie.
h) Laat de popcorn op kamertemperatuur staan totdat de chocolade gestold is.
i) Eenmaal uitgehard, breek je de popcorn in clusters en serveer je deze als een heerlijk en feestelijk tussendoortje.

34. Creme de Menthe Rijstkrispie-traktaties

INGREDIËNTEN:
- 6 kopjes Rice Krispies-ontbijtgranen
- 1 pakje marshmallows (10 ounces).
- 3 eetlepels ongezouten boter
- 1/4 kopje Creme de Menthe-likeur
- Groene voedselkleurstof (optioneel)
- Chocoladestukjes om te besprenkelen (optioneel)

INSTRUCTIES:
a) Smelt de boter in een grote pan op laag vuur.
b) Voeg de marshmallows toe aan de gesmolten boter en roer tot ze volledig gesmolten en glad zijn.
c) Roer de Creme de Menthe-likeur en de groene kleurstof, indien gebruikt, erdoor tot alles goed gemengd is.
d) Haal de pan van het vuur en roer snel de Rice Krispies-granen erdoor tot het gelijkmatig bedekt is.
e) Druk het mengsel in een ingevette ovenschaal van 9x13 inch, gebruik een spatel of vetvrij papier om de bovenkant glad te maken.
f) Smelt indien gewenst chocoladestukjes in de magnetron en besprenkel deze over de Rice Krispie- traktaties.
g) Laat de lekkernijen afkoelen en zet ze ongeveer 30 minuten op kamertemperatuur voordat u ze in vierkanten snijdt.
h) Serveer en geniet van uw heerlijke Creme de Menthe Rice Krispie-lekkernijen!

HOOFDGERECHT

35. Gemunte Quinoa-salade

INGREDIËNTEN:
- 1 kopje quinoa, afgespoeld en uitgelekt
- 2 kopjes water
- ½ kopje gehakte verse muntblaadjes
- ¼ kopje gehakte verse peterselie
- ¼ kopje gehakte rode ui
- ¼ kopje gehakte komkommer
- 2 eetlepels olijfolie
- 2 eetlepels creme de menthe likeur
- Zout en peper naar smaak

INSTRUCTIES:
a) Breng het water in een pot aan de kook.
b) Roer de quinoa erdoor, zet het vuur laag en laat 15-20 minuten sudderen, of tot de quinoa gaar is en het water is opgenomen.
c) Haal de pan van het vuur en laat de quinoa 5-10 minuten afkoelen.
d) Meng in een grote kom de gekookte quinoa, gehakte muntblaadjes, gehakte peterselie, gehakte rode ui en gehakte komkommer.
e) Klop in een aparte kom de olijfolie, crème de menthe-likeur, zout en peper tot alles goed gemengd is.
f) Giet de dressing over de quinoasalade en schep om.
g) Serveer de quinoasalade met munt op kamertemperatuur of gekoeld.

36.Crème de Menthe Geglazuurde Zalm

INGREDIËNTEN:
- 4 zalmfilets
- Zout en peper naar smaak
- 1/4 kopje Creme de Menthe-likeur
- 2 eetlepels honing
- 2 eetlepels sojasaus
- 1 eetlepel Dijon-mosterd
- 2 teentjes knoflook, fijngehakt
- 1 theelepel geraspte gember
- 1 eetlepel olijfolie
- Gehakte verse peterselie voor garnering

INSTRUCTIES:
a) Kruid de zalmfilets aan beide kanten met peper en zout.
b) Klop in een kleine kom de Creme de Menthe-likeur, honing, sojasaus, Dijon-mosterd, gehakte knoflook en geraspte gember samen om het glazuur te maken.
c) Verhit de olijfolie in een koekenpan op middelhoog vuur. Voeg de zalmfilets toe, met het vel naar beneden, en kook 3-4 minuten.
d) Draai de zalmfilets om en giet het Creme de Menthe-glazuur erover.
e) Kook nog 3-4 minuten, of tot de zalm gaar is en het glazuur iets is ingedikt.
f) Serveer de zalm warm, gegarneerd met gehakte verse peterselie.

37. Crème de Menthe Champignonrisotto

INGREDIËNTEN:
- 1 kopje Arborio-rijst
- 4 kopjes groente- of kippenbouillon
- 1/4 kopje Creme de Menthe-likeur
- 2 eetlepels olijfolie
- 1 ui, fijngehakt
- 2 teentjes knoflook, fijngehakt
- 8 ons champignons, in plakjes gesneden
- 1/4 kop geraspte Parmezaanse kaas
- Zout en peper naar smaak
- Gehakte verse peterselie voor garnering

INSTRUCTIES:
a) Verwarm de groente- of kippenbouillon in een pan op middelhoog vuur tot het kookt. Zet het vuur laag en houd het warm.
b) Verhit de olijfolie in een aparte grote koekenpan of pan op middelhoog vuur. Voeg de gesnipperde ui toe en kook tot hij zacht is, ongeveer 5 minuten.
c) Voeg de gehakte knoflook en de gesneden champignons toe aan de koekenpan en kook tot de champignons goudbruin en zacht zijn, ongeveer 5-7 minuten.
d) Roer de Arborio-rijst erdoor en kook 1-2 minuten, onder voortdurend roeren, tot de rijst licht geroosterd is.
e) Giet de Creme de Menthe-likeur erbij en kook tot de vloeistof is opgenomen, onder voortdurend roeren.
f) Begin met het toevoegen van de warme bouillon aan het rijstmengsel, pollepel per keer, onder voortdurend roeren en laat elke toevoeging van bouillon absorberen voordat je er meer toevoegt. Ga door met dit proces tot de rijst romig en zacht is, ongeveer 20-25 minuten.
g) Roer de geraspte Parmezaanse kaas erdoor en breng op smaak met peper en zout.
h) Serveer de paddenstoelenrisotto warm, gegarneerd met gehakte verse peterselie.

38. Creme de Menthe Kip Alfredo

INGREDIËNTEN:
- 8 ons fettuccine of je favoriete pasta
- 2 kipfilets zonder bot en vel, in hapklare stukjes gesneden
- Zout en peper naar smaak
- 2 eetlepels olijfolie
- 2 teentjes knoflook, fijngehakt
- 1 kopje zware room
- 1/4 kopje Creme de Menthe-likeur
- 1/2 kop geraspte Parmezaanse kaas
- Gehakte verse peterselie voor garnering

INSTRUCTIES:
a) Kook de fettuccine volgens de aanwijzingen op de verpakking al dente. Giet af en zet opzij.
b) Kruid de stukjes kipfilet met peper en zout.
c) Verhit de olijfolie in een grote koekenpan op middelhoog vuur. Voeg de gekruide stukjes kip toe en kook tot ze goudbruin en gaar zijn, ongeveer 6-8 minuten.
d) Voeg de gehakte knoflook toe aan de koekenpan en kook nog een minuut, tot het geurig is.
e) Giet de slagroom en Creme de Menthe-likeur erbij en roer om te combineren. Breng het mengsel aan de kook.
f) Zet het vuur laag en roer de geraspte Parmezaanse kaas erdoor tot deze gesmolten is en de saus iets is ingedikt.
g) Voeg de gekookte fettuccine toe aan de koekenpan en roer tot deze gelijkmatig bedekt is met de saus.
h) Serveer de Creme de Menthe kip Alfredo warm, gegarneerd met gehakte verse peterselie.

39. Creme de Menthe Geglazuurde varkenshaas

INGREDIËNTEN:
- 2 varkenshaasjes
- Zout en peper naar smaak
- 1/4 kopje Creme de Menthe-likeur
- 2 eetlepels honing
- 2 eetlepels Dijonmosterd
- 2 teentjes knoflook, fijngehakt
- 1 eetlepel olijfolie

INSTRUCTIES:
a) Verwarm uw oven voor op 190°C.
b) Kruid de varkenshaasjes aan alle kanten met peper en zout.
c) Klop in een kleine kom de Creme de Menthe-likeur, honing, Dijonmosterd en gehakte knoflook samen om het glazuur te maken.
d) Verhit de olijfolie in een ovenbestendige koekenpan op middelhoog vuur. Voeg de varkenshaasjes toe en bak ze aan alle kanten goudbruin, ongeveer 2-3 minuten per kant.
e) Bestrijk de varkenshaasjes met het Creme de Menthe-glazuur en bewaar een deel om te bedruipen.
f) Zet de koekenpan in de voorverwarmde oven en rooster gedurende 20-25 minuten, of tot de interne temperatuur van het varkensvlees 63°C bereikt, bedruip halverwege met het glazuur.
g) Haal de varkenshaasjes uit de oven en laat ze 5 minuten rusten voordat je ze aansnijdt.
h) Serveer de geglazuurde plakjes varkenshaas warm, besprenkeld met het resterende glazuur.

40. Creme de Menthe Garnalenlinguine

INGREDIËNTEN:
- 8 ons linguinepasta
- 1 pond grote garnalen, gepeld en ontdaan van darmen
- Zout en peper naar smaak
- 2 eetlepels olijfolie
- 2 teentjes knoflook, fijngehakt
- 1/4 kopje Creme de Menthe-likeur
- 1/2 kop zware room
- 1/4 kop geraspte Parmezaanse kaas
- Gehakte verse peterselie voor garnering

INSTRUCTIES:

a) Kook de linguinepasta volgens de instructies op de verpakking al dente. Giet af en zet opzij.
b) Breng de garnalen op smaak met zout en peper.
c) Verhit de olijfolie in een grote koekenpan op middelhoog vuur. Voeg de gehakte knoflook toe en kook tot het geurig is, ongeveer 1 minuut.
d) Voeg de gekruide garnalen toe aan de koekenpan en kook tot ze roze en ondoorzichtig zijn, ongeveer 2-3 minuten per kant. Haal de garnalen uit de pan en zet opzij.
e) Blus de koekenpan met de Creme de Menthe-likeur en schraap eventuele gebruinde stukjes van de bodem.
f) Roer de slagroom erdoor en breng het mengsel aan de kook. Kook tot het iets dikker is, ongeveer 2-3 minuten.
g) Doe de gekookte garnalen terug in de pan, samen met de gekookte linguinepasta. Roer tot alles goed bedekt is met de saus.
h) Roer de geraspte Parmezaanse kaas erdoor tot deze gesmolten is en de saus romig is.
i) Serveer de Creme de Menthe garnalenlinguine warm, gegarneerd met gehakte verse peterselie.

41. Creme de Menthe Roerbakrundvlees

INGREDIËNTEN:
- 1 pond runderlende, in dunne plakjes gesneden
- 2 eetlepels sojasaus
- 1 eetlepel maizena
- 2 eetlepels plantaardige olie
- 2 teentjes knoflook, fijngehakt
- 1 ui, gesneden
- 1 paprika, in plakjes gesneden
- 1 kopje peultjes
- 1/4 kopje Creme de Menthe-likeur
- Gekookte rijst om te serveren

INSTRUCTIES:
a) Meng in een kom de dun gesneden ossenhaas met de sojasaus en maizena. Meng tot het vlees gelijkmatig bedekt is en laat het 10-15 minuten marineren.
b) Verhit de plantaardige olie in een grote koekenpan of wok op hoog vuur. Voeg de gehakte knoflook toe en kook gedurende 30 seconden.
c) Voeg de gemarineerde plakjes rundvlees in een enkele laag toe aan de koekenpan en kook tot ze bruin zijn, ongeveer 2-3 minuten per kant. Haal het rundvlees uit de koekenpan en zet opzij.
d) Voeg in dezelfde koekenpan de gesneden ui, paprika en peultjes toe. Roerbak 2-3 minuten, of tot de groenten knapperig gaar zijn.
e) Doe het gekookte rundvlees terug in de pan en giet de Creme de Menthe-likeur erbij. Roerbak nog eens 1-2 minuten om alles door te verwarmen en de smaken te laten samensmelten.
f) Serveer de Creme de Menthe rundvlees roerbak heet over gekookte rijst.

42.Creme de Menthe Groentepasta

INGREDIËNTEN:
- 8 ons pasta naar keuze
- 2 eetlepels olijfolie
- 2 teentjes knoflook, fijngehakt
- 1 ui, in blokjes gesneden
- 2 kopjes diverse groenten (zoals paprika, courgette en kerstomaatjes), gehakt
- Zout en peper naar smaak
- 1/4 kopje Creme de Menthe-likeur
- 1/2 kop zware room
- 1/4 kop geraspte Parmezaanse kaas
- Gehakte verse basilicum voor garnering

INSTRUCTIES:
a) Kook de pasta volgens de aanwijzingen op de verpakking al dente. Giet af en zet opzij.
b) Verhit de olijfolie in een grote koekenpan op middelhoog vuur. Voeg de gehakte knoflook en de in blokjes gesneden ui toe en kook tot ze zacht zijn, ongeveer 5 minuten.
c) Voeg de diverse gehakte groenten toe aan de koekenpan en kook tot ze gaar zijn, ongeveer 5-7 minuten. Breng op smaak met zout en peper.
d) Blus de koekenpan met de Creme de Menthe-likeur en schraap eventuele gebruinde stukjes van de bodem.
e) Roer de slagroom erdoor en breng het mengsel aan de kook. Kook tot het iets dikker is, ongeveer 2-3 minuten.
f) Voeg de gekookte pasta toe aan de pan en roer tot alles goed bedekt is met de saus.
g) Roer de geraspte Parmezaanse kaas erdoor tot deze gesmolten is en de saus romig is.
h) Serveer de Creme de Menthe groentepasta warm, gegarneerd met gehakte verse basilicum.

DESSERT EN SNOEPJES

43. Sprinkhaan Brownies Supreme

INGREDIËNTEN:
- 1 kopje ongezouten boter
- 2 kopjes kristalsuiker
- 4 grote eieren
- 1 theelepel vanille-extract
- 1 kopje bloem voor alle doeleinden
- ½ kopje ongezoet cacaopoeder
- ¼ theelepel zout
- 1 kopje chocoladestukjes
- ½ kopje gehakte walnoten (optioneel)
- ½ kopje groene crème de menthe-likeur
- 2 kopjes poedersuiker
- ½ kopje ongezouten boter, verzacht
- 2 eetlepels melk
- Groene voedselkleurstof (optioneel)
- Chocoladeganache (optioneel, voor topping)

INSTRUCTIES:
a) Verwarm de oven voor op 350 ° F en vet een ovenschaal van 9x13 inch in.
b) Smelt de boter in een magnetronbestendige kom. Voeg de kristalsuiker toe en meng goed.
c) Voeg de eieren en het vanille-extract toe aan het botermengsel en roer tot alles gemengd is.
d) Meng in een aparte kom de bloem, het cacaopoeder en het zout.
e) Voeg geleidelijk de droge ingrediënten toe aan de natte ingrediënten en meng tot ze net gemengd zijn.
f) Roer de chocoladestukjes en walnoten erdoor (indien gebruikt).
g) Giet het beslag in de voorbereide ovenschaal en verdeel het gelijkmatig.
h) Bak gedurende 25-30 minuten, of totdat een tandenstoker die in het midden wordt gestoken eruit komt met een paar vochtige kruimels.
i) Terwijl de brownies nog warm zijn, prik je met een vork gaatjes in het hele oppervlak.
j) Giet de crème de menthe-likeur over de warme brownies en laat deze even intrekken.
k) Meng in een mengkom de poedersuiker, zachte boter, melk en groene kleurstof (indien gewenst). Klop tot een gladde en romige massa.
l) Verdeel het groene glazuur over de afgekoelde brownies.
m) Strooi eventueel chocoladeganache over de bovenkant voor een extra toets.
n) Laat de brownies opstijven voordat je ze in vierkanten snijdt.

44. Vers tuinmuntijs

INGREDIËNTEN:
- 1½ kopje suiker
- 1½ kopje water
- 1 kopje verse ananas; fijngemalen
- 2 kopjes muntblaadjes; fijn verpletteren
- 1 kopje lichte glucosestroop
- 1 kopje ongezoet ananassap
- 2 kopjes Melk
- 2 kopjes Slagroom
- ¼ kopje Crème de menthe

INSTRUCTIES:
a) Combineer suiker en water; kook en roer tot het mengsel kookt. Kook tot softbalstadium (235~).
b) Voeg muntblaadjes toe; kook ongeveer 10 minuten langer. Haal van het vuur; deformatie.
c) Voeg glucosestroop toe; laten afkoelen.
d) Voeg resterende ingrediënten toe; invriezen in een handgedraaide of elektrische ijsvriezer. Laten rijpen.

45. Espressotaart met chocolademunt

INGREDIËNTEN:

- 2 kopjes veganistische chocoladekoekjes of chocoladesandwichkoekjes met muntsmaak
- 1 (12 ounce) pakket veganistische halfzoete chocoladestukjes
- 1 pakje stevige zijden tofu, uitgelekt en verkruimeld
- 2 eetlepels pure ahornsiroop of agavenectar
- 2 eetlepels gewone of vanille-sojamelk
- 2 eetlepels crème de menthe
- 2 theelepels instant espressopoeder

INSTRUCTIES:

a) Verwarm de oven voor op 350 ° F. Vet een 8-inch taartplaat lichtjes in en zet opzij.
b) Als u sandwichkoekjes gebruikt, haal ze dan voorzichtig uit elkaar en bewaar de crèmevulling in een aparte kom. Maal de koekjes fijn in een keukenmachine. Voeg de veganistische margarine toe en pulseer tot alles goed is opgenomen.
c) Druk het kruimelmengsel in de bodem van de voorbereide pan. Bak gedurende 5 minuten. Als u sandwichkoekjes gebruikt terwijl de korst nog heet is, verdeel dan de gereserveerde crèmevulling over de korst. Zet opzij om af te koelen, gedurende 5 minuten.
d) Smelt de chocoladestukjes in een dubbele boiler of magnetron. Opzij zetten.
e) Meng in een blender of keukenmachine de tofu, ahornsiroop, sojamelk, crème de menthe en espressopoeder. Verwerk tot een gladde massa
f) Meng de gesmolten chocolade door het tofumengsel tot het volledig is opgenomen. Verdeel de vulling in de voorbereide korst. Zet minimaal 3 uur in de koelkast om op te stijven voordat u het serveert.

46. Crème De Menthe Parfait

INGREDIËNTEN:
- 3 kopjes miniatuur marshmallows
- ½ kopje melk
- 2 eetlepels Groene crème de menthe
- 1 kop halfzoete chocoladestukjes
- ¼ kopje Poedersuiker
- 1½ kop Slagroom
- Snoepmuntblaadjes OF-verse munt

INSTRUCTIES:
a) Combineer marshmallows en melk in een middelgrote pan. Kook op laag vuur, onder voortdurend roeren, tot de marshmallows zijn gesmolten en het mengsel glad is.
b) Giet 1 kopje marshmallow-mengsel in een kleine kom. Roer de crème de menthe erdoor en zet opzij.
c) Voeg chocoladestukjes en poedersuiker toe aan het marshmallowmengsel dat in de pan achterblijft. Zet de pan terug op laag vuur en roer voortdurend totdat de chips zijn gesmolten. Haal van het vuur en laat afkoelen tot kamertemperatuur.
d) Klop de slagroom in een grote kom stijf en meng 1,5 kopjes door het muntmengsel. Spatel de overgebleven slagroom door het chocolademengsel.
e) Schep afwisselend chocolade- en muntmengsels in parfaitglazen.
f) Zet in de koelkast tot het koud is of plaats het in de vriezer tot het stevig is. Garneer naar wens.

47. Creme de Menthe-koekjes

INGREDIËNTEN:
- Zakje Oreo-koekjes van 250 gram
- 30 g gesmolten ongezouten boter
- 40 ml (2 eetlepels) creme de menthe
- Een paar druppels groene kleurstof
- 1L vanille-ijs
- 30 g pure chocolade, gesmolten

INSTRUCTIES:
a) Verwarm de oven voor op 180°C.
b) Doe de koekjes in een keukenmachine en maal tot fijne kruimels.
c) Voeg de gesmolten boter toe en combineer.
d) Plaats zes ronde vormen van 10 x 4 cm op een vlakke bakplaat.
e) Verpak de koekkruimels in de bodem van elke vorm, zodat er halverwege de zijkanten een beetje mengsel kan komen.
f) Bak vijf minuten in de oven en laat dan volledig afkoelen.
g) Voeg de crème de menthe en de kleurstof toe aan het vanille-ijsmengsel tijdens het laatste kloppen of vlak voordat u klaar bent met het karnen in een ijsmachine.
h) Als u ijs uit de winkel gebruikt, laat het dan 15 minuten in de koelkast zacht worden en klop er dan creme de menthe en kleurstof door.
i) Vul de vormpjes met het crème de menthe-ijs en strijk de bovenkant glad.
j) Vries in tot het stevig is.
k) Was en droog de bladeren grondig.
l) Bestrijk de onderkant van de bladeren met de gesmolten chocolade.
m) Zet in de koelkast tot de chocolade hard is.
n) Trek het blad weg en gooi het weg.
o) Om te serveren duwt u de ijstaarten voorzichtig uit de vormen op serveerschalen.
p) Versier ze met de chocoladeblaadjes.

48. Crème de Menthe Chocolademousse

INGREDIËNTEN:
- 6 ons pure chocolade, gehakt
- ¾ kopje melk
- 3 eetlepels crème de menthe
- 1 theelepel vanille-extract
- 2 kopjes zware room
- ¼ kopje poedersuiker

INSTRUCTIES:

a) Smelt de pure chocolade met melk in een hittebestendige kom boven een dubbele boiler. Roer tot een gladde massa.

b) Haal van het vuur en roer de crème de menthe en het vanille-extract erdoor. Laat het afkoelen tot kamertemperatuur.

c) Klop in een aparte kom de slagroom en de poedersuiker tot er stijve pieken ontstaan.

d) Spatel de slagroom voorzichtig door het chocolademengsel tot alles goed gemengd is.

e) Schep de mousse in serveerglaasjes en zet minimaal 2 uur in de koelkast.

f) Garneer voor het serveren met een beetje cacaopoeder of chocoladeschaafsel.

49. Creme de Menthe-ijsvlotter

INGREDIËNTEN:
- 2 bolletjes vanille-ijs
- 1-2 eetlepels creme de menthe
- 1 kopje sodawater of bruisend water
- Slagroom als topping
- Chocoladeschaafsel ter garnering

INSTRUCTIES:
a) Doe twee bolletjes vanille-ijs in een hoog glas.
b) Giet creme de menthe over het ijs.
c) Giet langzaam frisdrank of bruisend water in het glas, zodat het schuim kan bezinken.
d) Bestrijk met slagroom en garneer met chocoladeschaafsel.
e) Serveer onmiddellijk met een rietje en een lange lepel voor een verfrissend creme de menthe-ijsvlotter.

50. Crème de Menthe Chocolade Cheesecake

INGREDIËNTEN:
VOOR DE KORST:
- 1 ½ kopje chocoladekoekjeskruimels
- ¼ kopje ongezouten boter, gesmolten

VOOR DE CHEESECAKE-VULLING:
- 24 ons roomkaas, verzacht
- 1 kopje kristalsuiker
- 3 grote eieren
- 1 theelepel vanille-extract
- ¼ kopje crème de menthe
- ½ kopje chocoladestukjes

INSTRUCTIES:
a) Verwarm de oven voor op 163°C (325°F). Meng de chocoladekoekkruimels met gesmolten boter en druk dit op de bodem van een springvorm om een korst te creëren.
b) Klop in een grote kom de roomkaas en suiker tot een gladde massa. Voeg de eieren één voor één toe en klop goed na elke toevoeging.
c) Roer het vanille-extract en de crème de menthe erdoor tot het volledig gemengd is.
d) Vouw de chocoladestukjes erdoor en giet het mengsel over de korst.
e) Bak gedurende 50-60 minuten of tot het midden stevig is. Laat afkoelen voordat u het minimaal 4 uur of een nacht in de koelkast zet.

51. Crème de Menthe Chocoladefondue

INGREDIËNTEN:
- 8 ons pure chocolade, fijngehakt
- ½ kopje zware room
- 2 eetlepels crème de menthe
- Diverse dippables (aardbeien, bananen, marshmallows, pretzels)

INSTRUCTIES:
a) Combineer pure chocolade en slagroom in een fonduepan of een hittebestendige kom.
b) Verwarm op laag vuur, onder voortdurend roeren, tot de chocolade gesmolten en glad is.
c) Roer de crème de menthe erdoor tot alles goed gemengd is.
d) Houd de fondue warm op een laag vuur.
e) Schik de diverse dippables op een serveerschaal en doop ze in de crème de menthe chocoladefondue. Genieten!

52. Limoentaart met Creme de Menthe

INGREDIËNTEN:
VOOR DE KORST:
- 1 ½ kopjes graham crackerkruimels
- ⅓ kopje gesmolten boter
- ¼ kopje kristalsuiker

VOOR DE VULLING:
- 1 blikje (14 ounces) gezoete gecondenseerde melk
- 4 grote eierdooiers
- ½ kopje vers limoensap
- Schil van 2 limoenen

VOOR DE CREME DE MENTHE SLAGROOM:
- 1 kopje zware room
- 2 eetlepels poedersuiker
- 1 eetlepel Creme de Menthe-likeur

INSTRUCTIES:
a) Verwarm uw oven voor op 175°C.
b) Meng in een kom de crackerkruimels van Graham, de gesmolten boter en de kristalsuiker. Druk het mengsel in de bodem van een 9-inch taartvorm om een gelijkmatige korst te vormen. Bak in de voorverwarmde oven gedurende 8-10 minuten of tot ze goudbruin zijn. Laat het afkoelen terwijl je de vulling klaarmaakt.
c) Klop in een grote mengkom de gezoete gecondenseerde melk, de eidooiers, het limoensap en de limoenschil tot alles goed gemengd is. Giet het mengsel in de afgekoelde korst.
d) Bak de taart in de voorverwarmde oven gedurende 15-20 minuten of tot de vulling gestold is. Het moet een lichte beweging in het midden hebben. Haal het uit de oven en laat het afkoelen tot kamertemperatuur. Zet minimaal 4 uur of een hele nacht in de koelkast, zodat de taart volledig kan opstijven.
e) Klop de slagroom in een gekoelde mengkom tot er zachte pieken ontstaan. Voeg de poedersuiker en de Creme de Menthe-likeur toe en blijf kloppen tot er stijve pieken ontstaan.
f) Verdeel vlak voor het serveren de slagroom Creme de Menthe over de gekoelde limoentaart. Garneer indien gewenst met extra limoenschil.
g) Snijd en serveer deze verfrissende limoentaart met Creme de Menthe, en geniet bij elke hap van de perfecte balans tussen pittige limoen en koele munt. Het is een heerlijke traktatie voor elke gelegenheid!

53. Browniesoufflé met muntcrème

INGREDIËNTEN:
- ⅔ kopje slagroom
- 3 ons witte chocolade; fijn gesneden
- ¼ theelepel creme de menthe likeur
- 1 pakje Pillsbury Rich & Moist Brownie-mix
- ½ kopje water
- ½ kopje olie
- ½ theelepel muntextract (optioneel)
- 4 eieren; gescheiden
- Poedersuiker
- Munttakjes; voor garnering

INSTRUCTIES:

a) springvorm van 9 of 10 inch in met anti-aanbakspray.

b) Magnetronroom op de hoogste stand gedurende 45-60 seconden of tot het warm is. Voeg witte chocolade en muntextract toe; roer tot de chocolade gesmolten is.

c) Zet minstens een uur in de koelkast of tot het goed gekoeld is.

d) Ondertussen in lge. kom, combineer browniemix, water, olie, muntextract en eidooiers; klop 50 slagen met een lepel. Klop de eiwitten in een kleine kom tot er zachte pieken ontstaan. Spatel geleidelijk door het browniemengsel. Giet het beslag in een besproeide pan.

e) Bak op 375 ° of tot het midden bijna stevig is. Koel gedurende 30 minuten. (Het midden zakt iets in.) Bestrooi de bovenkant van de cake met poedersuiker.

f) Vlak voor het serveren de gekoelde muntroom kloppen tot er zachte pieken ontstaan. Snijd de cake in partjes; bestrijk elke wig met muntcrème. Garneer met muntveren.

54.Oreo Munt -ijs

INGREDIËNTEN:
- ⅔ kopje Oreo-koekjes, grof gehakt
- 2 eieren
- ¾ kopje suiker
- 2 kopjes zware of slagroom
- 1 kopje melk
- 2 theelepels creme de menthe likeur

INSTRUCTIES:
a) Doe de koekjes in een kom, dek ze af en zet ze in de koelkast.
b) Klop de eieren in een mengkom licht en luchtig, 1 tot 2 minuten.
c) Klop de suiker beetje bij beetje erdoor en blijf kloppen tot het volledig gemengd is, nog ongeveer 1 minuut.
d) Giet de room en de melk erbij en klop om te mengen. Voeg de crème de menthe-likeur toe en meng goed.
e) Breng het mengsel over naar een ijsmachine en vries het in, volgens de aanwijzingen van de fabrikant.
f) Nadat het ijs ongeveer 2 minuten is opgestijfd, voeg je de gehakte koekjes toe en blijf je het invriezen totdat het ijs klaar is.
g) Laat staan om te rijpen en uit te harden.

55.Cheesecakemousse met muntchips

INGREDIËNTEN:
- 13 gewone Oreos, fijngemalen in een keukenmachine
- 2 eetlepels boter, gesmolten
- 2 eetlepels koud water
- 1 ½ theelepel gelatinepoeder
- 1 ½ kopjes zware room
- Twee pakjes roomkaas van 8 ons, verzacht
- Groene en gele voedselkleurstof
- 1 theelepel muntextract
- ½ theelepel creme de menthe likeur
- 1 ½ kopjes poedersuiker, verdeeld
- 3½-ounce reep halfzoete chocolade, fijngehakt
- Gezoete slagroom, muntblaadjes en fijngehakte chocolade ter garnering

INSTRUCTIES:

a) Roer in een mengkom de gemalen Oreos en boter door elkaar, verdeel het mengsel over 8 kleine dessertbekertjes en druk voorzichtig tot een gelijkmatige laag.
b) Voeg water toe aan een kleine kom, strooi de gelatine gelijkmatig erover en laat 5 - 10 minuten rusten.
c) Giet ondertussen de slagroom in een middelgrote mengkom en klop tot er zachte pieken ontstaan. Voeg ¼ kopje poedersuiker toe en klop tot er stijve pieken ontstaan, zet opzij.
d) Voeg de roomkaas toe aan een aparte mengkom en meng met een elektrische handmixer tot een gladde en luchtige massa, ongeveer 2 minuten. Voeg de resterende 1 ¼ kopjes poedersuiker toe en meng tot alles gecombineerd is.
e) Voeg munt en creme de menthe-likeur en kleurstof toe en meng tot alles gemengd is, zet opzij.
f) Verwarm het gelatinemengsel in de magnetron op hoog vermogen gedurende 30 seconden, verwijder het en klop gedurende 1 minuut om ervoor te zorgen dat het goed oplost.
g) Laat 3 minuten afkoelen, giet het gelatinemengsel bij het roomkaasmengsel en meng het onmiddellijk met een handmixer.
h) Voeg het slagroommengsel en de gehakte chocolade toe aan het roomkaasmengsel en vouw tot het gelijkmatig gemengd is.
i) Giet het mengsel in gedeelten in een spuitzak en spuit de mousse over de Oreo-korstlaag. Koel gedurende 3 uur.
j) Serveer gekoeld en spuit indien gewenst gezoete slagroom erover, garneer met munt en gehakte chocolade.

56. Marshmallow- meringue-gelatocake

INGREDIËNTEN:
- ½ kopje marshmallows
- 20 g pure chocolade (70%)
- 100 g kant-en-klare meringue
- 1 ¼ kopjes zware room
- 2-4 eetlepels creme de menthe likeur
- Verse munt of geroosterde geschaafde kokosnoot, voor garnering

INSTRUCTIES:
a) Bekleed een broodvorm van 13 x 23 cm met plasticfolie. Zorg ervoor dat er een aantal cm plastic over de zijkanten hangt.
b) Hak de chocolade fijn.
c) Verdeel de meringue tot een crumble. Probeer dit snel te doen, want de meringue neemt vocht uit de lucht op en wordt plakkerig.
d) Klop in een grote mengkom de slagroom tot zachte pieken. Voeg creme de menthe toe en klop opnieuw een paar seconden tot de zachte pieken terugkeren.
e) Voeg de marshmallows en chocolade toe aan de kom en spatel ze voorzichtig door de room. Voeg de meringue toe en vouw voorzichtig opnieuw. Giet alles in de broodvorm en geef er een paar zachte klappen tegen het aanrecht, zodat de inhoud bezinkt en zich verdeelt. Vouw het overhangende plastic over de bovenkant van de cake en wikkel de vorm vervolgens in nog een laag plasticfolie. Zet de taart een nacht in de vriezer.
f) Gebruik voor het serveren het overhangende plastic om de cake uit de vorm te trekken. Snijd in plakjes en garneer met takjes munt, of beter nog een snufje geroosterde geschoren kokosnoot. Het is een zachte slagroomtaart, dus eet hem meteen op.

57. Crème de Menthe Chocolade Trifle

INGREDIËNTEN:
- 1 doos chocoladetaartmix (plus ingrediënten die nodig zijn om het te bereiden)
- 1 (3,9 ounces) pakket instant chocoladepuddingmix
- 2 kopjes koude melk
- 1/4 kopje Creme de Menthe-likeur
- 2 kopjes slagroom of slagroom topping
- Chocoladeschaafsel of geraspte chocolade ter garnering

INSTRUCTIES:
a) Bereid de chocoladetaartmix volgens de instructies op de verpakking en bak deze in een ovenschaal van 9x13 inch. Laat het volledig afkoelen en snijd het in blokjes.
b) Klop in een mengkom het instant chocoladepuddingmengsel en de koude melk tot het dik is.
c) Roer de Creme de Menthe-likeur erdoor tot alles goed gemengd is.
d) In serveerglazen of een trifle-schaaltje doe je de chocoladetaartblokjes, het chocoladepuddingmengsel en de slagroom in lagen, en herhaal je de lagen totdat de ingrediënten op zijn.
e) Garneer de bovenkant van de trifle met chocoladeschaafsel of geraspte chocolade.
f) Zet de trifle minimaal 1 uur in de koelkast voordat je hem serveert, zodat de smaken goed kunnen vermengen.
g) Serveer gekoeld en geniet van uw Creme de Menthe chocoladetrifle!

58. Creme de Menthe Sprinkhaantaart

INGREDIËNTEN:
- 1 (9 inch) kant-en-klare chocoladekoekjeskorst
- 1 (8 ounces) pakket roomkaas, verzacht
- 1/2 kop poedersuiker
- 1/4 kopje Creme de Menthe-likeur
- 1/4 kopje Creme de Cacao-likeur
- Groene voedselkleurstof (optioneel)
- 1 kopje zware room, opgeklopt
- Chocoladeschaafsel ter garnering (optioneel)

INSTRUCTIES:
a) Klop in een mengkom de roomkaas en de poedersuiker tot een gladde en romige massa.
b) Voeg geleidelijk de Creme de Menthe en Creme de Cacao likeuren toe en meng tot alles goed gemengd is. Voeg indien gewenst groene kleurstof toe om een levendige groene kleur te verkrijgen.
c) Spatel de slagroom erdoor tot het gelijkmatig is opgenomen.
d) Giet het mengsel in de chocoladekoekjeskorst en strijk de bovenkant glad met een spatel.
e) Zet de taart minimaal 4 uur in de koelkast, of tot hij stevig is.
f) Garneer de taart voor het serveren eventueel met chocoladeschaafsel.
g) Snijd en serveer gekoeld. Geniet van je Creme de Menthe-sprinkhanentaart!

59.Creme de Menthe chocoladekoekjes

INGREDIËNTEN:
- 1 kop (2 stokjes) ongezouten boter, verzacht
- 3/4 kop kristalsuiker
- 3/4 kop verpakte bruine suiker
- 2 eieren
- 1 theelepel vanille-extract
- 1/4 kopje Creme de Menthe-likeur
- 3 kopjes bloem voor alle doeleinden
- 1 theelepel zuiveringszout
- 1/2 theelepel zout
- 1 1/2 kopjes halfzoete chocoladestukjes

INSTRUCTIES:
a) Verwarm uw oven voor op 190°C. Bekleed een bakplaat met bakpapier.
b) Meng in een grote mengkom de zachte boter, de kristalsuiker en de bruine suiker tot een licht en luchtig mengsel.
c) Klop de eieren één voor één erdoor, gevolgd door het vanille-extract en de Creme de Menthe-likeur.
d) Meng in een aparte kom de bloem, het bakpoeder en het zout.
e) Voeg geleidelijk de droge ingrediënten toe aan de natte ingrediënten en meng tot ze net gemengd zijn.
f) Roer de chocoladestukjes erdoor tot ze gelijkmatig door het koekjesdeeg zijn verdeeld.
g) Laat balletjes ter grootte van een eetlepel op de voorbereide bakplaat vallen, met een onderlinge afstand van ongeveer 5 cm.
h) Bak 9-11 minuten, of tot de koekjes goudbruin zijn aan de randen.
i) Laat de koekjes een paar minuten afkoelen op de bakplaat voordat je ze op een rooster legt om volledig af te koelen.
j) Geniet van uw Creme de Menthe chocoladekoekjes met een glas melk of een kopje koffie!

SPECERIJEN

60. Creme de Menthe Muntsaus

INGREDIËNTEN:
- 1/2 kopje verse muntblaadjes, gehakt
- 1/4 kopje Creme de Menthe-likeur
- 2 eetlepels honing
- 1 eetlepel citroensap
- Zout en peper naar smaak

INSTRUCTIES:
a) Meng in een kleine pan de gehakte verse muntblaadjes, Creme de Menthe-likeur, honing en citroensap.
b) Breng het mengsel op middelhoog vuur aan de kook, af en toe roerend.
c) Laat 3-5 minuten koken, of tot de saus iets dikker is geworden.
d) Haal de pan van het vuur en laat de saus afkoelen tot kamertemperatuur.
e) Breng op smaak met zout en peper.
f) Serveer de Creme de Menthe muntsaus bij gegrild lamsvlees, kip of groenten.

61. Crème de Menthe Muntgelei

INGREDIËNTEN:
- 2 kopjes verse muntblaadjes
- 1/4 kopje water
- 1/4 kopje Creme de Menthe-likeur
- 1/2 kopje kristalsuiker
- 1 eetlepel citroensap
- 1 (3 ounces) pakket vloeibare fruitpectine

INSTRUCTIES:
a) Pureer de verse muntblaadjes in een keukenmachine met water tot ze fijngehakt zijn.
b) Doe de gehakte muntblaadjes in een pan en voeg de Creme de Menthe-likeur, kristalsuiker en citroensap toe.
c) Breng het mengsel op middelhoog vuur aan de kook, roer tot de suiker is opgelost.
d) Zet het vuur laag en laat 10-15 minuten koken, af en toe roeren.
e) Haal de pan van het vuur en laat het mengsel iets afkoelen.
f) Zeef het mengsel door een fijne zeef in een schone pan en druk op de vaste stoffen om zoveel mogelijk vloeistof te onttrekken.
g) Doe de gezeefde vloeistof terug in de pan en breng het op middelhoog vuur aan de kook.
h) Roer de vloeibare fruitpectine erdoor en kook gedurende 1 minuut, onder voortdurend roeren.
i) Haal de pan van het vuur en laat de muntgelei een paar minuten afkoelen.
j) Breng de muntgelei over in gesteriliseerde potten en sluit deze goed af.
k) Zet de potten in de koelkast totdat de gelei is uitgehard.
l) Serveer de Creme de Menthe muntgelei als smaakmaker bij lamsvlees, varkensvlees of als glazuur voor desserts.

62. Creme de Menthe Muntpesto

INGREDIËNTEN:
- 2 kopjes verse muntblaadjes
- 1/4 kopje Creme de Menthe-likeur
- 1/4 kop geroosterde pijnboompitten of amandelen
- 2 teentjes knoflook
- 1/4 kop geraspte Parmezaanse kaas
- 1/2 kopje extra vergine olijfolie
- Zout en peper naar smaak

INSTRUCTIES:
a) Meng in een keukenmachine de verse muntblaadjes, Creme de Menthe-likeur, geroosterde pijnboompitten of amandelen, knoflook en Parmezaanse kaas.
b) Pulseer tot de ingrediënten fijngehakt en goed gecombineerd zijn.
c) Terwijl de keukenmachine draait, besprenkel je langzaam de olijfolie totdat de pesto de gewenste consistentie heeft bereikt.
d) Breng op smaak met peper en zout en pulseer nog een paar keer om te combineren.
e) Doe de Creme de Menthe muntpesto in een pot of bakje en bewaar deze in de koelkast.
f) Serveer de muntpesto als smaakmaker voor gegrild vlees, geroosterde groenten of als spread voor sandwiches en wraps.

63. Creme de Menthe Munt Chimichurri

INGREDIËNTEN:
- 1 kopje verse peterselieblaadjes
- 1/2 kop verse muntblaadjes
- 1/4 kopje Creme de Menthe-likeur
- 2 teentjes knoflook
- 1/4 kopje rode wijnazijn
- 1/2 kopje extra vergine olijfolie
- Zout en peper naar smaak

INSTRUCTIES:
a) Meng in een keukenmachine of blender de verse peterselieblaadjes, muntblaadjes, Creme de Menthe-likeur, knoflook en rode wijnazijn.
b) Pulseer tot de kruiden fijngehakt zijn.
c) Terwijl de keukenmachine draait, besprenkel je langzaam de olijfolie totdat de chimichurri de gewenste consistentie heeft bereikt.
d) Breng op smaak met peper en zout en pulseer nog een paar keer om te combineren.
e) Doe de Creme de Menthe mint chimichurri in een pot of bakje en bewaar deze in de koelkast.
f) Serveer de muntchimichurri als smaakmaker voor gegrilde biefstuk, kip, vis of geroosterde groenten.

64. Creme de Menthe Muntsalsa

INGREDIËNTEN:
- 2 rijpe tomaten, in blokjes gesneden
- 1/2 kopje in blokjes gesneden rode ui
- 1/4 kop gehakte verse koriander
- 2 eetlepels gehakte verse muntblaadjes
- 1 jalapeñopeper, zonder zaadjes en in blokjes gesneden
- Sap van 1 limoen
- 2 eetlepels Creme de Menthe likeur
- Zout en peper naar smaak

INSTRUCTIES:
a) Meng in een mengkom de in blokjes gesneden tomaten, rode ui, koriander, muntblaadjes en in blokjes gesneden jalapeñopeper.
b) Druppel het limoensap en de Creme de Menthe-likeur over het salsamengsel.
c) Breng op smaak met zout en peper en meng door elkaar.
d) Laat de salsa ongeveer 15-20 minuten op kamertemperatuur staan, zodat de smaken zich kunnen vermengen.
e) Proef en pas indien nodig de smaak aan.
f) Serveer de Creme de Menthe muntsalsa bij tortillachips, gegrild vlees of als topping voor taco's en burrito's.

65. Muntpestodip

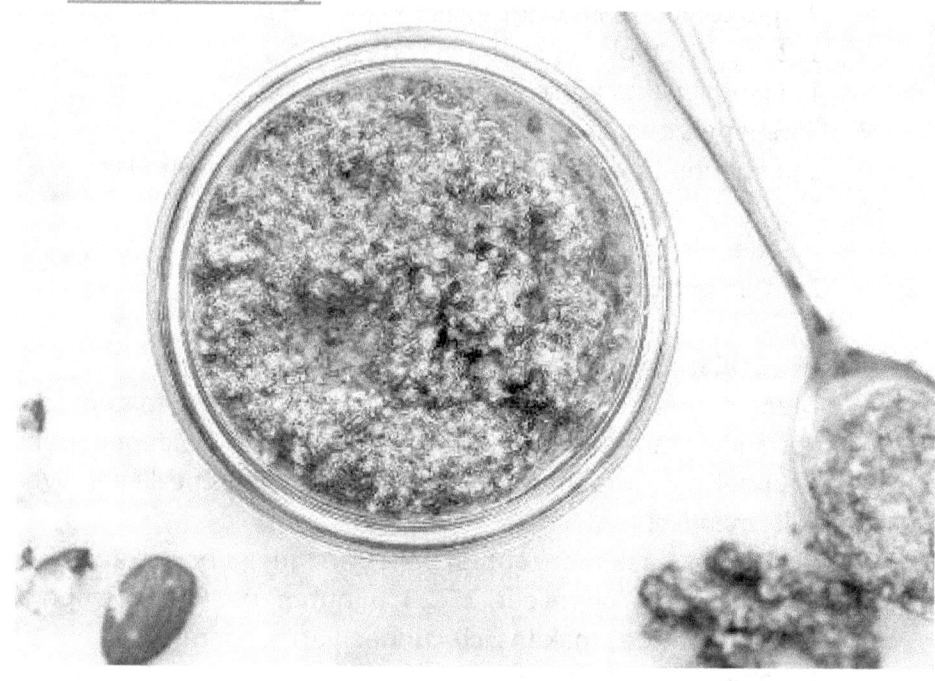

INGREDIËNTEN:
- 1 kopje verse muntblaadjes
- ¼ kopje pijnboompitten
- ¼ kopje geraspte Parmezaanse kaas
- ¼ kopje olijfolie
- Sap van ½ citroen
- Zout en peper naar smaak
- Diverse groenten en crackers om te serveren

INSTRUCTIES:
a) Meng in een keukenmachine de muntblaadjes, pijnboompitten, Parmezaanse kaas, olijfolie, crème de menthe-likeur, zout en peper tot een gladde massa.
b) Doe de pesto-dip in een kom en serveer met diverse groenten en crackers.
c) Genieten!

66. Munt Yoghurtsaus

INGREDIËNTEN:
- 1 kopje gewone Griekse yoghurt
- ¼ kopje gehakte verse muntblaadjes
- 1 teentje knoflook, fijngehakt
- 1 eetlepel creme de menthe likeur
- Zout en peper naar smaak

INSTRUCTIES:
a) Klop in een kom de Griekse yoghurt, gehakte muntblaadjes, gehakte knoflook en crème de menthe-likeur tot alles goed gemengd is.
b) Breng de munt-yoghurtsaus op smaak met peper en zout.
c) Serveer de muntyoghurtsaus als smaakmaker bij gegrild vlees en geroosterde groenten, of als dip voor friet of groenten.

67. Munt Aioli

INGREDIËNTEN:
- ½ kopje mayonaise
- ¼ kopje gehakte verse muntblaadjes
- 1 teentje knoflook, fijngehakt
- 1 eetlepel creme de menthe likeur
- Zout en peper naar smaak

INSTRUCTIES:
a) Klop in een kom de mayonaise, de gehakte muntblaadjes, de gehakte knoflook en de crème de menthe-likeur tot alles goed gemengd is.
b) Breng de muntaioli op smaak met peper en zout.
c) Serveer de muntaioli als smaakmaker bij geroosterde groenten en gegrild vlees, of als dip voor friet.
d) Genieten!

68. Munt mosterd

INGREDIËNTEN:
- 6 eetlepels Gehakte verse munt
- 3 eetlepels mayonaise
- ¾ kopje Dijon-mosterd
- 1 teentje knoflook -gehakt
- 1 theelepel verse creme de menthe-likeur

INSTRUCTIES:
a) Roer in een kleine kom alle ingrediënten door elkaar.
b) Bewaar in een pot of container met een goed sluitend deksel.
c) Koel tot klaar voor gebruik.

COCKTAILS

69. Bevriezing Tequila Cocktail

INGREDIËNTEN:
- 1 ½ ons tequila
- 1 ounce blauwe curaçao- likeur
- ½ ounce witte crème de cacaolikeur
- ½ ons room
- Luxardo- kersen, voor garnering

INSTRUCTIES:
a) curaçao , crème de cacao en room in een cocktailshaker . Vul met ijs.
b) Zeef in een met ijs gevuld ouderwets glas.
c) Garneer met een kers. Serveer en geniet.

70.Chocolade Munt Oreo Drankje

INGREDIËNTEN:
- 3 bolletjes vanille-ijs
- 2 Oreo-koekjes, gemalen
- 2 Andes Creme de Menthes
- 10 ons gemalen ijs
- 1¼ ounce witte crème de menthe
- 1¼ ounce witte crème de cacao

INSTRUCTIES:
a) Giet het mengsel in een blender en mix gedurende twee minuten op hoge snelheid.

71.Verjaardag romig genot

INGREDIËNTEN:
- 1 ons crème de menthe
- 1 ons room
- 1 ½ theelepel lichte agavenectar
- 2 eetlepels chocoladesiroop
- 10 muntblaadjes

INSTRUCTIES:
a) Meng de munt en de agavenectar in een cocktailshaker.
b) Meng alle ingrediënten in een cocktailshaker en giet het erbij.
c) Dienen

72. Creme de Menthe-ijsshots

INGREDIËNTEN:
- 2 kopjes Zware slagroom
- 14 ons Gezoete gecondenseerde melk
- 1 kop chocoladeschaafsel of halfzoete chocoladestukjes
- ⅓ kopje Crème de Menthe

INSTRUCTIES:
a) Meng de gezoete gecondenseerde melk en Creme de Menthe in een mixer tot alles gemengd is.
b) Giet de zware slagroom erbij en meng op medium tot er zachte pieken ontstaan in het mengsel. Voeg dan het chocoladeschaafsel toe tot het net gemengd is.
c) Breng het mengsel over naar een diepvriescontainer met deksel en vries het gedurende 8 uur in.

73. Londense mist

INGREDIËNTEN:
- 1 ons witte crème de menthe
- 1 ons anijs
- Scheutje Angostura-bittertjes

INSTRUCTIES:
a) Vul de cocktailshaker met ijs.
b) Voeg crème de menthe, anijs en bitters toe.
c) Schudden.
d) Giet in een cocktailglas.

74. Stinger

INGREDIËNTEN:
- 1 ½ ons cognac
- ½ ounce witte crème de menthe

INSTRUCTIES:
a) Vul de cocktailshaker met ijs.
b) Voeg cognac en crème de menthe toe.
c) Roeren.
d) Giet in een gekoeld cocktailglas.

75. Amerikaanse schoonheid

INGREDIËNTEN:
- ¾ ounce cognac
- ¾ ounce droge vermout
- ½ ons grenadine
- ¾ ons sinaasappelsap
- ½ ons crème de menthe

INSTRUCTIES:
a) Vul de cocktailshaker met ijs.
b) Voeg cognac, droge vermout, grenadine, sinaasappelsap en crème de menthe toe.
c) Schudden.
d) Giet in een gekoeld cocktailglas.

76.Sta op mijn liefde

INGREDIËNTEN:
- 1 theelepel crème de menthe
- Gekoelde champagne

INSTRUCTIES:
a) Giet crème de menthe in een champagneflute.
b) Aftoppen met champagne.

77.Monte Carlo

INGREDIËNTEN:
- 1 ½ ons gin
- ¾ ons crème de menthe
- ¾ ons citroensap
- Champagne

INSTRUCTIES:
a) Vul de cocktailshaker met ijs.
b) Voeg gin, crème de menthe en citroensap toe.
c) Schudden.
d) Zeef het in een longdrinkglas met ijs.
e) Vul met champagne.

78.Pall Mall Martini

INGREDIËNTEN:
- 2 ons jenever
- ½ ounce droge vermout
- ½ ounce zoete vermout
- 1 theelepel witte crème de menthe
- Dash oranje bittertjes

INSTRUCTIES:
a) Vul de cocktailshaker met ijs.
b) Voeg gin, vermouth, crème de menthe en bitters toe.
c) Roeren.
d) Zeef in een gekoeld martiniglas.

79. Ijsberg

INGREDIËNTEN:
- 2 ons jenever
- Scheutje witte crème de menthe

INSTRUCTIES:
a) Vul de cocktailshaker met ijs.
b) Voeg gin en crème de menthe toe.
c) Schudden.
d) Zeef in een gekoeld martiniglas.
e) Garneer met verse munt.

80. Munt Patty Martini

INGREDIËNTEN:
- 3 ons peperwodka
- 2 ons witte crème de menthe
- 1 Sterrenlicht munt
- 1 ons donkere chocoladelikeur
- 1 eetlepel pepermuntschnaps

INSTRUCTIES:
a) Vul de cocktailshaker met ijs.
b) Voeg peperwodka, crème de menthe en Starlight-munt toe.
c) Laat de shaker een minuut staan.
d) Schudden.
e) Voeg pure chocoladelikeur toe.
f) Schudden.
g) Giet het mengsel in twee gekoelde martiniglazen.
h) Bestrijk elk glas met de helft van de pepermuntschnaps.

81. Vliegende sprinkhaan

INGREDIËNTEN:
- ¾ ons crème de menthe
- ¾ ons crème de cacao
- ¾ ounce wodka

INSTRUCTIES:
a) Cocktailshaker vullen met ijs.
b) Voeg crème de menthe, crème de cacao en wodka toe.
c) Roeren.
d) Zeef in een hartelijk glas.

82.Gemengde mokka-frappe

INGREDIËNTEN:
- ¾ ons koffielikeur
- ¼ ounce witte crème de menthe
- ¼ ons crème de cacao
- ¼ ounce triple sec
- Suiker

INSTRUCTIES:
a) Giet koffielikeur, crème de menthe, crème de cacao en triple sec in de cocktailshaker.
b) Roer zonder ijs.
c) Vul een champagneglas met een suikerrand en een diepe schotel met gemalen ijs.
d) Giet het mengsel over ijs.

83. Koffie Sprinkhaan

INGREDIËNTEN:
- ¾ ons koffielikeur
- ¾ ounce witte crème de menthe
- ¾ ons room

INSTRUCTIES:
a) Vul de cocktailshaker met ijs.
b) Voeg koffielikeur, witte crème de menthe en room toe.
c) Schudden.
d) Giet in een gekoeld cocktailglas.

84. Geheel witte Frappe

INGREDIËNTEN:
- ½ ons anijs
- ¼ ounce witte crème de menthe
- ½ ons crème de cacao
- 1 theelepel citroensap

INSTRUCTIES:
a) Giet anisette, crème de menthe, crème de cacao en citroensap in de cocktailshaker.
b) Roer zonder ijs.
c) Giet het gemalen ijs in een diep champagneglas met schotel.

85. Ierse engel

INGREDIËNTEN:
- ¾ ounce Ierse whisky
- ¼ ons crème de cacao
- ¼ ounce witte crème de menthe
- 1 ½ ons zware room

INSTRUCTIES:
a) Cocktailshaker vullen met ijs.
b) Voeg whisky, crème de cacao, crème de menthe en room toe.
c) Schudden.
d) Giet in een gekoeld cocktailglas of in een ouderwets glas met ijs.

86. Bushmills Ierse koffie

INGREDIËNTEN:
- 1 ½ ounce Bushmills Ierse whisky
- 1 theelepel bruine suiker (optioneel)
- 1 scheutje Crème de menthe, groen
- Extra sterke verse koffie
- Slagroom

INSTRUCTIES:

a) Giet whisky in een Irish Coffee-kopje en vul tot ½ inch vanaf de bovenkant met koffie. Voeg naar smaak suiker toe en meng. Werk af met slagroom en besprenkel met crème de menthe.

b) Doop de rand van het kopje in suiker om de rand te bedekken.

87.Sprinkhaan cappuccino

INGREDIËNTEN:
- Enkele espresso
- ¼ kopje zware room, opgeklopt
- 1½ theelepel crème de cacao
- 1½ theelepel crème de menthe
- 3 ons melk, gestoomd
- Takje verse munt, voor garnering
- Gezoet chocoladepoeder

INSTRUCTIES:
a) Meng de espresso, crème de menthe en crème de cacao in een glas.
b) Voeg 1½ ounce gestoomde melk en 1½ ounce melkschuim toe.
c) Doe de slagroom en het chocoladepoeder erop en versier met een takje verse munt.

88. Cacao-Mint Espresso Shake

INGREDIËNTEN:
- Enkele espresso
- ¼ theelepel crème de menthe
- 1 bolletje vanille-ijs
- 1 theelepel crème de cacao

INSTRUCTIES:
a) Combineer alle ingrediënten in een blender.
b) Pulseer gedurende 15 tot 20 seconden, of tot het glad is.

89. Kahlúa Crème De Menthe Koffie

INGREDIËNTEN:
- ¼ kopje zware room, opgeklopt
- ¾ kopje koffie
- 2 eetlepels crème de menthe
- 2 eetlepels Kahlúa
- Gezoet chocoladepoeder

INSTRUCTIES:
a) Combineer de Kahlúa en crème de menthe in een glas.
b) Giet de koffie erbij en verdeel de slagroom en het chocoladepoeder erover.

90. Chocolade Stinger

INGREDIËNTEN:
- 22 ml witte crème de menthe
- 60 ml chocolade-spirit

INSTRUCTIES:

a) Roer de ingrediënten met ijs en zeef het in een glas gevuld met gemalen ijs. Garneer met munt.

91. Gevallen engel

INGREDIËNTEN:
- 8 ml groene crème de menthe
- 8 ml suikersiroop
- 30 ml citroensap
- 60 ml Londense droge gin

INSTRUCTIES:
a) Schud de ingrediënten met ijs en zeef in een gekoeld glas.
b) Garneer met munt.

92. Groene Swizzle

INGREDIËNTEN:
- 8 ml suikersiroop
- 8 ml witte crème de menthe
- 15 ml limoensap
- 1 scheutje bittertjes
- 60 ml lichtwitte rum

NSTRUCTIES:
a) Giet de ingrediënten in het glas.
b) Vul het glas met crushed ijs en roer.

93.Klaver

INGREDIËNTEN:
- 15 ml koud water
- 15 ml groene Chartreuse
- 15 ml groene crème de menthe
- 45 ml droge vermout
- 45 ml Ierse whisky

INSTRUCTIES:
a) Schud de ingrediënten met ijs en zeef in een gekoeld glas.
b) Garneer met munt.

94. Smoothie met muntchocoladechips

INGREDIËNTEN:
- 1 banaan
- 1 kopje spinazie
- ½ kopje ongezoete vanille-amandelmelk
- ¼ kopje verse muntblaadjes
- 1 eetlepel honing
- ¼ theelepel creme de menthe likeur
- 1 eetlepel chocoladestukjes

INSTRUCTIES:
a) Meng in een blender de banaan, spinazie, amandelmelk, muntblaadjes, honing en creme de menthe-likeur.
b) Mixen tot een gladde substantie.
c) Giet het in een glas en roer de chocoladestukjes erdoor.
d) Serveer onmiddellijk en geniet ervan!

95. Pepermunt Boba thee

INGREDIËNTEN:
- 2 theelepels theebladsmaak naar keuze
- 16 ons water
- 5-6 ons gekookte tapiocaparels
- 2-3 eetlepels creme de menthe-siroop
- 4-6 eetlepels melktheepoedermengsel
- IJs indien nodig.

INSTRUCTIES:
a) Maak je thee.
b) Plaats 5 tot 6 ons gekookte tapiocaparels op de bodem van de beker.
c) Voeg 2 tot 3 eetlepels creme de menthe siroop toe aan de drank.
d) Giet de thee samen met de melk in het kopje en schud of meng het.
e) Voeg 4 tot 6 eetlepels van het melktheepoedermengsel toe.
f) Voeg indien nodig ijs toe.

96. Crème de Menthe Sparkler

INGREDIËNTEN:
- 1 ons Creme de Menthe-siroop
- 3 ons bruisend water of frisdrank
- 1/2 ons vers limoensap
- Ijsblokjes
- Limoenschijfje voor garnering

INSTRUCTIES:
a) Vul een glas met ijsblokjes.
b) Giet de Creme de Menthe-siroop en het verse limoensap over het ijs.
c) Vul aan met bruisend water of frisdrank.
d) Roer voorzichtig om te combineren.
e) Garneer met een limoenwiel.
f) Serveer onmiddellijk en geniet van je verfrissende Creme de Menthe sterretjesmocktail !

97. Crème de Menthe Wit-Russisch

INGREDIËNTEN:
- 1 1/2 ons wodka
- 3/4 ounce koffielikeur (zoals Kahlúa)
- 3/4 ounce Creme de Menthe-likeur
- 1 ons zware room
- Ijsblokjes

INSTRUCTIES:
a) Vul een rockglas met ijsblokjes.
b) Giet de wodka en koffielikeur over het ijs.
c) Giet de Creme de Menthe-likeur langzaam over de achterkant van een lepel om deze bovenop de andere ingrediënten te leggen.
d) Giet de slagroom voorzichtig over de achterkant van een lepel om een nieuwe laag te creëren.
e) Serveer met een roerstokje en geniet van je romige en heerlijke Creme de Menthe White Russian!

98. Crème de Menthe Fizz

INGREDIËNTEN:
- 1 1/2 ons gin
- 1/2 ounce Creme de Menthe-likeur
- 1/2 ons citroensap
- 1/2 ounce eenvoudige siroop
- Mineraalwater
- Citroendraaije voor garnering

INSTRUCTIES:
a) Vul een cocktailshaker met ijs.
b) Voeg de gin, Creme de Menthe-likeur, citroensap en eenvoudige siroop toe aan de shaker.
c) Goed schudden tot het gekoeld is.
d) Zeef het mengsel in een glas gevuld met ijs.
e) Top af met sodawater.
f) Garneer met een citroendraaije.
g) Serveer en geniet van je verfrissende Creme de Menthe bruiscocktail!

99. Crème de Menthe Daiquiri

INGREDIËNTEN:
- 2 ons witte rum
- 3/4 ounce Creme de Menthe-likeur
- 1 ons vers limoensap
- 1/2 ounce eenvoudige siroop
- Ijsblokjes
- Limoenschijfje voor garnering

INSTRUCTIES:
a) Vul een cocktailshaker met ijsblokjes.
b) Voeg de witte rum, Creme de Menthe-likeur, vers limoensap en eenvoudige siroop toe aan de shaker.
c) Goed schudden tot het gekoeld is.
d) Zeef het mengsel in een gekoeld cocktailglas.
e) Garneer met een limoenwiel.
f) Serveer en geniet van je verfrissende Creme de Menthe daiquiri!

100. Crème de Menthe Margarita

INGREDIËNTEN:
- 2 ons tequila
- 3/4 ounce Creme de Menthe-likeur
- 1 ons vers limoensap
- 1/2 ounce drievoudige sec
- IJsblokjes
- Zout voor rimmen (optioneel)
- Limoenpartje voor garnering

INSTRUCTIES:
a) Indien gewenst kunt u de rand van een margaritaglas omranden met zout door een schijfje limoen rond de rand te wrijven en het in zout te dopen.
b) Vul het glas met ijsblokjes.
c) Meng in een cocktailshaker de tequila, Creme de Menthe-likeur, vers limoensap en triple sec.
d) Voeg ijs toe aan de shaker en schud goed tot het gekoeld is.
e) Zeef het mengsel in het voorbereide margaritaglas.
f) Garneer met een partje limoen.
g) Serveer en geniet van uw levendige en smaakvolle Creme de Menthe margarita!

CONCLUSIE

Nu we aan het einde komen van onze verkenning op het gebied van de crème de menthe-keuken, hoop ik dat je je geïnspireerd voelt om je verder te verdiepen in de veelzijdigheid en het fantasierijke potentieel van deze gekoesterde likeur in je eigen keuken. Of je nu cocktails mixt voor bijeenkomsten met vrienden, weelderige desserts maakt of je waagt aan hartige gerechten, crème de menthe biedt grenzeloze mogelijkheden voor culinaire experimenten en verrukkingen.

Ik betuig mijn oprechte dankbaarheid voor het begeleiden van mij op deze smaakvolle expeditie. Mogen uw culinaire inspanningen worden verrijkt door de levendige essentie en verkwikkende geur van crème de menthe, waardoor elke creatie niet alleen smaak krijgt, maar ook een vleugje muntachtige frisheid. Op de vreugde, tevredenheid en nieuwe culinaire ontdekkingen die op je wachten. Mogen uw culinaire inspanningen, totdat onze paden elkaar weer kruisen, gevuld zijn met geluk en mogen uw toekomstige kookactiviteiten gekenmerkt worden door heerlijke verrassingen en verrukkelijke smaken.

www.ingramcontent.com/pod-product-compliance
Lightning Source LLC
Chambersburg PA
CBHW050200130526
44591CB00034B/1509